AF211046

KLAUS P. FISCHER

WAS IST DAS - EIN CHRIST?

DER WEG DES JESUS VON NAZARETH UND DER JÜNGER

Impressum

WAS IST DAS – EIN CHRIST?
DER WEG DES JESUS VON NAZATETH UND DER JÜNGER
von Klaus P. Fischer

Ausgabe vom 1. Januar 2023
Herausgeber: Hans-Jürgen Sträter/Adlerstein Verlag
ISBN: 9783756840489
Herstellung und Verlag: BoD – Books on Demand, Norderstedt

Cover-Motiv: Vortragekreuz St. Laurentius, München.
                  Foto: Peter Burkart. München

EINLEITUNG

Man nennt unsere Zeit am Anfang des 21. Jahrhunderts nicht selten eine "nach-christliche Epoche". Die Menschen der sogenannten Offenen Gesellschaft sind mehrheitlich keine bekennende Christen mehr. Die moderne "Globalisierung" hat auch eine Durchmischung des früheren "Christlichen Abendlandes" mit anderen Religionen und Weltanschauungen gebracht, und zwar mit solchen, die ehedem im Nahen und Mittleren Osten, selbst im Fernen Osten beheimatet und lokalisiert waren. Inzwischen nimmt in Europa die Zahl der Anhänger des Naturalismus zu, jener Anschauung also, die - gestützt auf Naturwissenschaft und Technik - die Natur bzw. den Kosmos für die letzte, maßgebliche Realität ansieht. Zudem scheint die Zahl derer zu wachsen, die sich gar nicht mehr um eine weltanschauliche oder religiöse Verortung ihres Lebens kümmern, sondern letzte Fragen, gleichmütig oder verdrossen, auf sich beruhen lassen.

Schon vor sechzig Jahren äußerte - zum Christentum befragt - der Schriftsteller *Heinrich Böll* nüchtern: "Hin und wieder gibt es sie: Christen, und wo einer auftritt, gerät die Welt in Erstaunen".[1] Diese Beobachtung dürfte, unter anderen Bedingungen, auch heute zutreffen. Anders als noch zu *Bölls* Zeit ist jedoch das Christentum, inhaltlich gesehen, für viele Zeitgenossen eine unbekannte, nahezu exotische Größe, und wer sie dazu befragt, bringt sie in Verlegenheit.

---

1 In *Kh Deschner* (Hg), Was halten Sie vom Christentum? (München 1957), 21-24, hier: 23

Diese Entwicklung hat sich schon vor Jahrzehnten abgezeichnet. Daher wurde eine Reihe von Versuchen unternommen, der verbreiteten Unwissenheit mittels aktueller Darstellungen abzuhelfen. In jenen Jahren, erfüllt von neuen Akzenten, welche das kurz zuvor beendete Zweite Vatikanische Konzil gesetzt hatte, vermuteten einige Autoren beim Publikum reges Interesse auch an Details moderner Theologie. So etwa *Edward Schillebeeckx* in seinen umfänglichen Bänden "Jesus - Die Geschichte von einem Lebenden" (dt. 1975), "Christus und die Christen" (dt. 1977), oder *Hans Küng,* der auf Hunderten von Seiten erläuterte, warum er "Christ sein" noch im Jahr 1974 "für eine besonders gute Sache hält". Neben den Weltreligionen beschäftigte *Küng* der moderne *Humanismus*, der Ethik für wichtiger hält als Glauben und der den Leuten die Frage soufliert, warum jemand Christ sein solle, statt einfach nur Mensch. So herausgefordert, suchte *Küng* zu zeigen, dass Christ sein ein befreiendes, "radikales Mensch sein" ermögliche.

Der damalige Verkaufserfolg konnte aber nicht überdecken, dass die Lektüre den Lesern ungewöhnliches Durchhaltevermögen zumutete, zusätzlich irritiert durch Einsprüche der katholischen Hierarchie. Diesbezüglich besser erging es der wenige Jahre früher verfassten "Einführung in das Christentum" von *Joseph Ratzinger,* wie auch *Karl Rahners* "Grundkurs des Glaubens" (1976). Auch Werke von *Eugen Biser* wie "Der Helfer" (1973) und später "Die Entdeckung des Christentums" (2000) unternahmen eine "Einübung im Christentum", durchaus im Anschluss an das gleichnamige Werk von *Sören Kierkegaard* aus dem Jahr 1848.

Zuletzt versuchten *Papst Benedikt XVI.* und *Klaus Berger* auf je eigene, z.T. unkonventionelle Weise den Zeitgenossen mit ihren Jesus-Büchern eine Glaubenshilfe zu geben. Der Papst erläutert das Bild von Jesus in den vier Evangelien anhand der wichtigsten Texte, indes Berger von häufig gestellten Fragen und Problemen ausgeht, die den Glauben behindern oder gar karikieren, und versucht Antworten aus seiner Erfahrung als Exeget und Christ. Schließlich legten von protestantischer Seite *Dietrich Ritschl* und *Martin Hailer* einen "Grundkurs christliche Theologie" vor, wo sie systematisch auf Verständnisfragen und Verständnisschwierigkeiten eingehen, wie sie Anfänger, aber auch kirchenfremde Leute an Theologen stellen.

Die genannten Werke haben ihre unbezweifelbaren Verdienste. Vielleicht kann aber auch eine relativ schmale Form der Einführung dienlich sein, die sich mit den erwähnten großen Darstellungen schon allein wegen des Umfangs nicht messen kann, wenn sie - unter teilweise neuen Bedingungen - versucht, die Grund-Frage *Was ist das, ein Christ?* anhand ausgewählter Texte des Markus-Evangeliums - des ältesten, zuerst geschriebenen Evangeliums - zu erläutern: es enthält zentrale Erkenntnisse über die Jünger, also über jene, die mit Jesus seinen Weg gehen. Der griechische Ausdruck für "Jünger" bedeutet übersetzt "Lehrlinge" und meint solche, die buchstäblich in den laufenden Unterricht des später "Christus" genannten Jesus gehen. Es ist eine Schulung nicht bloß des Kopfes, sondern der ganzen Existenz. Die Texte des Evangeliums spiegeln durchgehend die Botschaft "*tua res agitur*", d.h. es ist deine Sache, die hier verhandelt wird!

In dieser Hinsicht lässt sich der Verfasser der folgenden Seiten auf die Erzählebene des Evangeliums ein. Unterscheidbare Aspekte aus Philologie, Historie, Psychologie usw. ordnen sich der Haupt-Sache unter: fortschreitender Öffnung der Existenz auf ihr tragendes Geheimnis hin, das sich im Gott der Bibel, im Gott Jesu offenbart.

Die folgenden Darlegungen sind in erster Linie für Christen gedacht, die ein besseres Verständnis von Grundlagen des christlichen Glaubens suchen. Die Anmerkungen sind eher für Fachleute gedacht.

Unter dem Argwohn mit seinen Vorurteilen, der bekennenden Christen heutzutage häufig begegnet, ergibt sich eine Situation, die der aus der Anfangszeit der Kirche ähnlich ist und in der Christen sich darauf verstehen sollten, Rechenschaft zu geben über die Hoffnung, die in ihnen lebt (vgl. 1Petr 3,15).

INHALT

Seite

Das Evangelium und sein Autor

Beginnen wir mit einer kurzen Notiz zum Markus-Evangelium:[2] Der Verfasser nennt seinen Namen nicht. Auch die genaue Entstehungszeit ist nicht bekannt. Aus der frühen Kirche kommt die Nachricht, das Mk-Evangelium sei bald nach dem Tod des Apostels *Petrus* entstanden, und sein Autor sei ein Schüler des Petrus gewesen. Petrus fand den Tod zwischen 64 u. 67 unter Kaiser *Nero*. Als Verfasser des Evangeliums sehen viele jenen *Johannes* mit Beinamen Markus, den die Apostelgeschichte als Cousin des *Barnabas* erwähnt (Apg 12-15). Nach Petrus` Tod begab sich Mk vielleicht nach Ägypten – jedenfalls führt sich die *Koptische Kirche* auf Markus als ihren Patron zurück

Markus wandte als erster den Begriff *Evangelium* auf Jesus an. *Euanggélion* hieß eine Froh-Botschaft, Freudenbotschaft, vor allem nach militärischem Erfolg, also eine *Sieges*-Botschaft. In diesem Sinn war das Wort im griechisch-römischen Kulturbereich geläufig. So wurden etwa die militärischen Befriedungs-Maßnahmen von Kaiser *Augustus* als „Evangelien" gefeiert (*Priene*-Inschrift 9 v.C.)

Euanggélion, latinisiert Evangelium ist für Mk der Nenner, um Leben und Schicksal Jesu zusammenzufassen.

Dabei fällt auf: das Mk-Evangelium hatte, wie die ältesten und wichtigsten Handschriften zeigen, ursprünglich keine österlichen Erscheinungserzählungen.

Es endete mit der Auferstehungsbotschaft des

---

2 Im Folgenden ist das Markus-Evangelium mit dem Kürzel *Mk* bezeichnet; Matthäus = Mt, Lukas.= Lk

Engels im offenen Höhlengrab an namentlich genannte drei Frauen, mit deren Erschrecken und Flucht vom Grab und mit dem Satz, sie hätten aus Furcht niemandem etwas von der Botschaft gesagt (16,8). Die im Kap.16 heute vorfindlichen Ostererzählungen sind aus den anderen Evangelien zusammengestellt und später nachgetragen.

Dieser Umstand hat inhaltliche Bedeutung, wie wir bald sehen werden.

Hinzu kommt ein wichtiges Struktur-Merkmal: *Markus* reiht alle Begegnungen, Belehrungen, Gespräche, Heilungstaten entlang des Weges von Galiläa nach Jerusalem an, was Matthäus (Mt) und Lukas (Lk) übernehmen.

Die Bedeutung dieser Anordnung ahnen wir, wenn wir uns die damalige politisch-soziale Situation im Land klarmachen. Man nimmt heute an, das Mk-Evangelium sei kurz nach dem 1. Jüdischen Krieg (66 -70 n.C., vgl. Mk 13,1f) verfasst worden. Die geschichtlich-politisch-soziale Lage des Landes ist der Hintergrund des Evangeliums.

Zum besseren Verständnis hier ein kurzer Überblick.[3]

---

3 Quellen: *Flavius Josephus, Lohse, Stambaugh/Balch, Bock, Horsley, Veerkamp*

Geschichtlicher und sozialer Hintergrund

Als *Alexander* die Perser besiegt hatte (333 v.C), endete die persische Oberhoheit über Palästina. Doch wurde Juda im Süden nicht frei, sondern griechisch-makedonisches *dominion*. Griechische Kultur, Religion, griechisches Geistesleben, griechischer Handel und Wandel wurden eingeführt. Griechisch wurde Verkehrssprache, Griechisches zur herrschenden Mode. Griechisch sprechende Siedler kamen ins Land, viele wurden in neu gegründeten Städten (zB *Sepphoris, Tiberias*) angesiedelt. Griechische Sprache und Kultur drückten auf die aramäisch sprechenden, dem hebräischen Gesetz verpflichteten Juden, sich zu assimilieren, das Mose-Gesetz aufzugeben bzw. im Geist hellenistischer Weltanschauung auszulegen. ´Modern` war, wer sich dem neuen Zeitgeist, der neuen Mode öffnete. Hebräisch galt als veraltete Sakralsprache, Gebildete sprachen Griechisch, Aramäisch war Umgangssprache der einfachen Leute. Dem Assimilations-Zwang, den die Herrschenden über Jahrhunderte ausübten, ist zu verdanken, dass die Evangelien, das Neue Testament griechisch verfasst sind, in einfachem Umgangs-Griechisch, das nicht selten semitisch verformt ist.

Als der Eroberer *Alexander* zehn Jahre nach seinem Sieg über das Perserreich plötzlich starb, teilten seine Feldherren das Riesenreich unter sich auf. Palästina, zunächst dem ägyptischen Herrschaftsbereich des Feldherrn *Ptolemaios* zugeordnet, kam hundert Jahre später unter die Gewalt des Syrien beherrschenden *Seleukos*-Clans. So blieb das Griechische jederzeit herrschende Kultur.

Ein Teil der Judenschaft war nicht bereit, sich zu beugen, und hielt am Glauben der Väter fest. Die jüdische Gemeinde leitete der Hohepriester, dem die anderen Priester sowie die Ältesten (Häupter der alteingesessenen Familien Jerusalems) im *Sanhedrin* (Hohen Rat) beistanden. Doch die Entwicklung verlief dramatisch. Die syrischen Griechen-Herrscher erhöhten den Druck auf Jerusalem und wählten den jeweiligen Hohepriester als Werkzeug. Dieser hatte Befehle und Verfügungen des Syrers durchzusetzen und die geforderten Steuern einzutreiben.

Zumal König *Antiochus IV.* drängte auf vollständige Hellenisierung der Juden, u.a. durch Erhöhung des Steuerdrucks und Auswechslung der Hohepriester nach seinem Belieben.

Da der König wegen seiner Kriegszüge ständig klamm war, plünderte er Jerusalems Tempel und konfiszierte die kostbaren Sakral-Geräte. Um die vollständige Hellenisierung der Juden zu erzwingen, erließ er schließlich ein Verbot von Sabbat und Beschneidung. Im Tempel durfte nur noch dem Griechen-Gott *Zeus* geopfert werden. Anlässlich dieser Maßnahme entstanden unter Juden das Wort vom „Gräuel an heiliger Stätte" und das visionäre Buch *Daniel* als symbolisch verschlüsselte Trostschrift. Aus dem Mord empörter Dorfbewohner an einem königlichen Polizisten entwickelte sich der Aufstand der sogenannten *Makkabäer.* Er erzwang die Rücknahme der antijüdischen Religionspolitik, am Ende gar die Befreiung vom syrisch-griechischen Joch. Das Land blühte auf, brachte wieder Ertrag, eine glückliche Friedenszeit brach an.

Weil aber die „Makkabäer"-Sippe (auch *Hasmonäer* genannt) neben militärischer Führung auch - gegen das Reinheits-Gesetz - das Hohepriester-Amt beanspruchte, wanderte eine Gruppe strenggläubiger Juden aus und gründete eine eigene Siedlung am Ufer des Toten Meers. Unter den zurückbleibenden Frommen entstand die Gemeinschaft der Pharisäer (*Perušim*), die nach und nach das Volk gegen die Willkür der *Hasmonäer* einnahmen.

Interne Thronstreitigkeiten riefen die Römer auf den Plan, die unter *Pompeius* das Gebiet ihrer Provinz Syria einverleibten, statt der *Hasmonäer* ihre Statthalter einsetzten, das Hohepriester-Amt aber den Juden beließen. Nach mörderischen Machtkämpfen in Rom, denen erst *Pompeius*, dann *Cäsar* zum Opfer fielen, gelang es dem Edomiter *Herodes* mit Roms bzw. des *Octavian Augustus* Hilfe, die Königswürde für Jerusalem zu erhalten, freilich als Vasall Roms (*rex socius*).

Mögliche Konkurrenten ließ er beseitigen, seine Balance-Politik aber, mit der er jüdischen wie griechischen Untertanen gerecht werden wollte, machte ihn gesetzestreuen Juden verhasst.

Neue Städte wie *Sebaste* (für das zerstörte Samaria), *Caesarea am Meer*, die Burg *Antonia* am Tempel-Platz gehen auf ihn zurück, sowie die Erweiterung und Renovierung des Tempels (mit der heutigen "Klagemauer" als Relikt). Die religiöse und sozusagen innenpolitische Führung des Volkes lag beim Hohen Rat und der *Pharisäer*-Partei, die die Hoffnung auf eine gewaltlos, nämlich von Gott heraufgeführte Wende wachhielten. Die von den *Seleukiden* begonnene Internationalisierung, Modernisierung und Verstädterung des Gebiets setzte *Herodes* fort.

Seine drei Söhne erbten das Reich. Der älteste, *Archelaos*, König von Judäa-Samaria, erwies sich aber als Despot, weshalb *Augustus* ihn absetzte und sein Gebiet einem römischen Statthalter unterstellte.

Doch die römischen Statthalter, u.a. *Pontius Pilatus*, verachteten die nicht-römischen Einheimischen, waren keine „Landpfleger", sondern Ausbeuter zu persönlicher Bereicherung. Die Arroganz des römischen Imperiums, auch vor dem einheimischen Glauben (z.B. *Caligula*), erschwerte die Lage zusätzlich.

Ursache für gärende Unruhe war auch die oft verzweifelte Lebenslage des einfachen Volkes unter dem ausbeuterischen Imperium. Antike Wirtschaft war überwiegend Landwirtschaft, auch in Palästina. Das Imperium benötigte Agrarprodukte für die Bevölkerung Roms und Italiens. Man entzog das Benötigte weithin den eroberten Ländern, rekrutierte ebenso Soldaten aus deren männlicher Bevölkerung. Zur Bezahlung seiner Truppen erhob Rom zusätzliche Steuern. Römisches Militär, das vor Ort stationiert war, musste gleichfalls von der unterjochten Bevölkerung bezahlt und verköstigt werden. Ähnliche Maßnahmen wurden getroffen beim Bau von Städten, Arenen, Straßen usw. Man erzwang Landreformen, Enteignungen, Erhöhungen von Steuern, Zöllen, Anhebung der Produktivität. Kleinbauern, Kleingewerbler, Handwerker hatten zunehmend Mühe, das Existenzminimum zu erzielen. Schuldknechtschaft oder Bettler-Dasein war das Schicksal vieler, die den Leistungen und Abgaben nicht mehr gewachsen waren. Steuerfahnder und Zolleinnehmer im Dienste der Besatzer waren allgegenwärtig, Strafen rigoros.

Die Produktion kam nur zum geringsten Teil den einheimischen Produzenten zugute. Die Lebenslage des Volkes schwankte beständig zwischen Armut und Elend, ohne Aussicht auf bessere Zukunft. Im Namen römischer ´Globalisierung` wurde zudem die traditionelle Solidarität, der soziale Zusammenhalt in den Dörfern (ohnehin belastet von der aufgezwungenen ´Multi-Kulturalität`) durch andauernde Überforderung schwer beschädigt. Besonders hoffnungslos war die soziale Situation im Norden, in Galiläa: von dort kamen häufig Rebellen („Terroristen" in Roms Sicht).

Wo Verzweiflung herrscht, Menschen nichts mehr zu verlieren haben, finden leicht Personen Gehör, die eine neue Perspektive bieten, ja als angeblich von Gott erwählte und berufene Befreier Abhilfe versprechen und zu bewaffnetem Aufstand rufen. Vor Jesus, zu seiner Zeit und nach ihm traten Männer auf mit dem Anspruch, der erhoffte Befreier und gerechte König (= Messias) der Zukunft zu sein.[4] Doch waren die römischen Aufpasser auf der Hut, unterbanden umgehend jeden Volksauflauf, meist mit Waffengewalt.

Es ist leicht vorstellbar, dass Jesus, der, wo er auftrat, viele Menschen anzog, allein darum Argwohn weckte, so dass die den Römern ergebenen führenden Kreise, aber auch die jedem Aufstand abholden Pharisäer laufend Spitzel entsandten, um in Erfahrung zu bringen, was Jesus und die Jünger vorhatten und welche Anschauungen dieser Kreis verbreitete.

---

4 Einige Namen sind überliefert: *Theudas*, *Judas* der Galiläer, *Eleasar*, *Simon* bar Giora, Bar Kochba.

Da in den Augen der Pharisäer unbedingte Gesetzestreue eine wichtige Instanz für den inneren Zusammenhalt des gequälten Volkes bildete, begleiteten sie die Jesus-Bewegung bald mit Argwohn und Opposition. Der Erfolg eines solchen Wander-Rabbis und Therapeuten weckte Neid und Eifersucht. Jesu Souveränität und ´Können` (platt gesagt) erzeugten bei vielen im Volk, auch bei den Jüngern Erwartungen sogar hochpolitischer Art. Nicht zufällig fragen die Jünger noch den Auferstandenen, ob er demnächst das Königtum in Israel wieder aufrichten werde (Apg 1,6).

Ein explosiver Funke war die Geldgier des Procurators *Florus*, der 66 n.C. 17 Talente (ca. eine halbe Tonne Silber) aus dem Tempelschatz[5] raubte. Protestierende Juden verhöhnte *Florus* derart, dass sie, aufs Blut gereizt, sich erhoben und die Römer aus Jerusalem vertrieben, das tägliche Kaiser-Opfer einstellten (damit die Loyalität zu Rom aufkündigten). Regierungsgebäude und Schuldenarchiv verbrannten. Doch am Ende konnten sie der überlegenen Kriegstechnik der römischen Generäle nicht trotzen. Im Jahr 70 fiel Jerusalem, wurde bis auf die Grundmauern zerstört. Die Schwachen und Alten in der eroberten Stadt wurden getötet, Arbeitsfähige nach Rom deportiert oder zu Zwangsarbeit verurteilt. Man schätzt, dass im 1. Jüdischen Krieg mehr als ein Fünftel der jüdischen Bevölkerung umkam. Die Gewaltbereiten – Zeloten, Sikarier, Messiasprätendenten, Priesterkreise – hatten das Volk ins Verderben, fast in die Auslöschung geführt.

---

5 Der Tempelschatz bestand aus Weihegeschenken, Opfergaben, Tempelsteuer und Geldhinterlegungen, nach Ende des Königtums eine Art Staatsbank.

So urteilten die am Aufstand unbeteiligten Pharisäer, aber auch die Christen der zweiten Generation
(die Jerusalemer Gemeinde hatte sich zu Kriegs-
beginn ins Ostjordanland abgesetzt).

Dieser geschichtliche, politisch-soziale Hintergrund
ist bedeutsam für das Verständnis der Christus-
Botschaft. In diese unruhige, ja explosive Welt tritt
Jesus ein und verkündigt sein Evangelium.

Man schätzt heute, dass die heiligen Bücher, die wir
als Evangelien kennen, unmittelbar nach bzw. nicht
lange nach diesem sog. 1. Jüdischen Krieg entstanden und auf sein schreckliches Ende direkt-indirekt
Bezug nehmen. Ohne diesen Hintergrund sind viele
Stellungnahmen Jesu, der Jünger, der Volksmenge,
auch Jesu Leidensgeschichte im Rahmen der römischen Besatzungsmacht unverständlich oder werden missdeutet. Auch der Jesus nachträglich beige-
legte griechische Titel *Christós* (hebr. Messias),
gewinnt nur vor diesem Hintergrund Kontur und
rückt auch die Streitfrage um die Kreuzes-Inschrift
„König der Juden" ins Licht.

Jesus als Alternative

Die drei synoptischen Evangelisten Mk, Mt, Lukas (Lk) sehen in der Leidensgeschichte des Jesus von Nazaret den Leidensweg des jüdischen Volkes gespiegelt: als Realität wie als Chance für einen *alternativen* Sieg.

Mk bringt die ihm bekannten Elemente der Überlieferung in Zusammenhang mit Geschichte und Ende des Jüdischen Krieges. Der Weg dieses Jesus ist ihm die einzige noch denkbare, gangbare Alternative innerhalb der Hoffnungen des am Boden liegenden jüdischen Volkes auf Erlösung.

Es ist, als habe er klar eingesehen, was vielen Juden dann 60 Jahre später nochmals brutal klargemacht wurde: eine überlegene und rücksichtslose Militärmacht wie Rom kann nicht mit Waffengewalt besiegt werden.

Im ersten Quartal des 2. Jahrhunderts verfügte Kaiser *Trajan*, auf den Trümmern des Jerusalemer Tempels einen *Jupiter*-Tempel zu bauen, und erließ ein allgemeines Verbot der Kastration, das auch die jüdische Beschneidung traf. Beide Verfügungen reizten die erbitterten Juden erneut zum Aufstand, den die römischen Truppen systematisch und mit grausamster Härte unterdrückten. Auf Jerusalems Boden wurde eine römische Stadt errichtet, zu der Juden keinen Zutritt hatten.

Das römische Imperium war damals einzige Weltmacht im Mittelmeerraum. Lokalen Aufständen begegnete es, falls örtliches Militär nicht reichte, mit einer überwältigenden Menge an Soldaten und Kampfmitteln, herangeholt aus anderen Regionen.

Die jüdischen Erhebungen waren hoffnungslos unterlegen, wie seinerzeit vor der assyrischen und der neubabylonischen Großmacht. Rom wirkte auf die kleinen Völker unbesiegbar wie der Tod: eine unerschöpfliche Tötungsmaschine. Das Überleben des Imperiums hatte Vorrang vor dem Überleben von Stämmen und Völkerschaften. Es war eine typische Aktion römischer Besatzer, dass der Procurator *Pilatus* eine Gruppe galiläischer Jerusalem-Pilger an der Opferstätte des Tempels niedermachen ließ (Lk 13,1) – nur als Warnung und Demonstration, dass er im Falle der kleinsten Unruhe sofort und gnadenlos zuschlagen würde.

Markus rückt radikal ab vom aktionistischen Messianismus der militanten Gruppen Palästinas jener Zeit und stellt sich *insoweit* zu den Pharisäern, die gewaltfrei auf eine von Gott bewirkte Wende der jüdischen Geschichte hofften. Anders als diese setzt er aber auf den gewaltlosen Weg [6] des Jesus von Nazaret. Der glich äußerlich in vielem den Aufständischen, die ja, wie er, von Galiläa aus nach Jerusalem strebten. Nach Mk geht, den galiläischen Rebellen ähnlich, auch Jesus den Weg von Norden nach Jerusalem (Mt und Lk tun ihm gleich). Wie jene kommt er in Jerusalem in Konflikt mit der Macht Roms, und Jesus erleidet die für Aufrührer typische römische Strafe: Zur Abschreckung von Nachahmern wird er ans Kreuz geschlagen und so der totalen Ohnmacht und Unterlegenheit überführt. Und wie schon früher, seufzten danach einige Enttäuschte: „Wir hatten doch gehofft, dass er der sei, der Israel erlösen werde!" (Lk 24,21).

Mk führt am Schicksal dieses Jesus den auf den

6 Bei Mk wird nach *Petrus*-Bekenntnis und Jünger-Belehrung "der Weg" (*hē hodós*: 10,17.32)

Messias hoffenden Juden eindringlich vor Augen, wie hoffnungslos jeder bewaffnete Einsatz gegen Rom ist. Jesus hat das Volk ja ´nur` mit Worten, nicht mit Waffen aufgerührt; hat nie die Hand gegen jemand erhoben, nie das Schwert gezogen (einer, der „dabeistand" [nach Joh: *Petrus*], zog ein Schwert und hieb dem Knecht des Hohepriesters ein Ohr ab: Mk 14,47), und dennoch wurde er wie ein „Räuber" (Bandit, Terrorist) mit Schwertern und Knüppeln aufgespürt (v 48). Wie in jeder Verschwörergruppe gab es auch in seinem Kreis einen Verräter, der heimlich mit der Gegenseite paktierte und Jesus der Gegenseite auslieferte. Und obwohl selbst der römische Machthaber ihm keine direkten antirömischen Umtriebe nachweisen kann, endet er, der politisch Unschuldige, doch am römischen Kreuz wie alle Revolutionäre oder solche, die im Weg waren. Zuvor trieb ihn die verrohte Soldateska wie einen Spielball vor sich her. Sogar auf solche, die ganz unpolitisch daherkommen – so lautet die Botschaft –, wartet unter der Macht dieses Imperiums der Tod. Und dieses hat jede Menge Kollaborateure. Wer die Aufmerksamkeit Roms auf sich zieht, gerät in einen tödlichen Strudel, aus dem es kein Entrinnen gibt.

Oder doch?

Drei Frauen – *Maria aus Magdala, Maria*, die Mutter des Jakobus, und *Salome* –, auf dem Weg zur Totensalbung, begegnen im (Höhlen-)Grab einem weiß gekleideten jungen Mann (Mk 16,5).

Er lässt an jenen jungen Mann denken, der zuvor dem gerade festgenommen Jesus nachfolgen will, wie um sein Schicksal zu teilen.

Die Häscher ergreifen auch ihn. Doch entkommt er ihnen nackt, da er sein feines Leinengewand in ihren Fäusten lässt (Mk 14,51f). So erscheint er als Gegenstück zu dem Namenlosen in Jesu Gefolge, der ein wohl im Gewand verstecktes Schwert zieht und auf Jesu Gegner einschlägt. Der nackte Jüngling ist die gewaltlose Alternative. Er ist im voraus ein Sinnbild für den entblößten Jesus am Kreuz – den nackten „König" laut Inschrift –, um dessen Kleider die Soldaten würfeln (14,24.26), Wenn Mk vermerkt, dieser Jüngling wollte zusammen mit Jesus ihm auf dessen Weg folgen, deutet er den Weg des wahren Jüngers (also des Christen) an.

Es scheint dann dieser Jüngling zu sein, der, weiß gewandet – *weiß* ist die Farbe des Himmels und der Unschuld – , bei Mk die entscheidende Siegesbotschaft – das Evangelium – ausrichten darf: „Jesus, der gekreuzigte Nazarener, ist nicht hier" – nicht unter Jerusalems Gräbern der Gekreuzigten, Hingerichteten und Ermordeten. „Er wurde auferweckt" (die Passiv-Aussage steht für eine Tat *Gottes*).

Daraufhin hätten die Frauen erschrocken, entsetzt gezittert und sich gefürchtet.

Furcht ist im Alten Orient, so auch in der Bibel die normale Reaktion von Menschen auf die Begegnung mit dem Heiligen, mit Gott, der mit der Botschaft des Engels hier in ihr Leben einbricht. Die Frauen sind außer sich, überwältigt, sprachlos vom Einbruch göttlicher Macht in das Grab, in den Machtbereich des Todes. Er wirkt wie eine Zerstörung der normalen Welt, in der man sich auskennt, mit deren Grenzen man sich abgefunden hat. Begegnen Menschen dem Heiligen, werden sie ihrer Kleinheit und Hilflosigkeit gewahr und weichen bestürzt zurück.

Darum fliehen die Frauen bei Mk vom Grab: nur weg von hier! (16,8). Im Zurückweichen der Frauen bildet sich indirekt das Ungeheure ab, das durch die Worte des weiß gewandeten Jünglings auf sie zukommt. Gott hat hier das letzte Wort, aus dem Mund des Jünglings. Und doch zeigt er sich als der Gott der Väter, den Menschen gütig zugewandt, der sein Wohlwollen stets einführt mit „Fürchtet euch nicht!", hier noch gesteigert zu „Entsetzt euch nicht!" Mit dem Schock vor dem Einbruch des Heiligen endete ursprünglich das Mk-Evangelium, zugleich mit dem Hinweis, die Frauen hätten zu niemandem davon geredet.[7]

Dabei konnten Mt und Lk nicht stehen bleiben, die Frauen hatten ja Auftrag, die Sache Petrus und den Jüngern zu melden, und bei Mt und Lk führen sie den Auftrag auch aus.

Zum Verständnis des ursprünglichen Mk-Schlusses mögen die Worte des weißen Jünglings helfen. „Ihr *sucht* Jesus den Gekreuzigten", sagt er. Ihr *findet ihn nicht hier,* nicht im Grab und nicht in einer historischen Nachzeichnung seines Weges bis ans Kreuz. Vielmehr: ein *Um*denken, eine *Umkehr* ist fällig: „Er geht vor euch her nach Galiläa, dort werdet ihr ihn schauen, wie er zu euch geredet hat" (16,5ff; vgl. 14,28).

Das meint: in seiner *Rede,* in seiner *Botschaft* und Verkündigung werdet ihr ihn schauen!

---

7 Drei Frauen könnten die Botschaft des Engels bezeugen, drei Zeugen stellten die Vollzahl nötiger Zeugen zur Feststellung eines Sachverhaltes dar. Doch Frauen galten als Eigentum ihres Mannes (Ex 20,17; Gen 18,12), waren keine selbständigen Rechtspersonen und so vor Gericht nicht als Zeugen zugelassen. Daher findet das Auferstehungszeugnis der Frauen keinen Glauben bei den Aposteln (Lk 24,11).

Die Umkehr

Umkehr nach Galiläa, dort, wo er angefangen hat und wo Mk ihn und seinen Weg schaut, ihn schaut mit österlichen Augen und so aufzeichnet. Wer Jesus sucht, den gekreuzigten Galiläer, muss seinen Weg nochmals gehen und ihn schauen – mit anderen Augen. Diese andere, neue Sicht des Weges Jesu bietet Mk an.

Was ist das für ein Weg – für Augen, die tiefer schauen, ohne den Schleier des Todes schauen? Oder die über den Tod hinaus schauen? Wir entdecken ihn, wenn wir mitgehen und das von Mk Geschaute buchstabieren.

Mk 1,1: arché tou euangeliou Jesou Christou, lat. *initium Evangelii Jesu Christi* (Vulg)

In den deutschen Übersetzungen heißt es „Anfang des Evangeliums von Jesus Christus". Das griechische Wort *archē* ist aber gewichtiger, meint Ursprung[8]. Hier: Ursprung von Evangelium, von Froh-Botschaft, Siegesbotschaft. Evangelium steht aber nicht allein. Mk sagt: Evangelium Jesu Christi. Christus ist kein Beiname, sondern Titel: die griechische Übersetzung für Messias! Jesus Christus meint also Jesus Messias.

Der griechische Wortlaut enthält einen Genetiv: Jesus Christus steht im Genetiv.

Wenn man übersetzt „Evangelium *von* Jesus Christus", fasst man den Genetiv *objektiv* auf: Evangelium, Frohbotschaft über Jesus Christus; eine frohe Botschaft, Jesus Christus betreffend.

---

8   Wir kennen es aus Gen 1,1: בְּרֵאשִׁית bᵉrešit, ἐν ἀρχῇ (en archê) schuf Gott ... Gott als Ursprung!

Doch ist der Genetiv, von der österlichen Aufer-stehung her, wohl *subjektiv* gemeint: Jesus selbst als Frohe Botschaft: der Messias Jesus als Frohe Botschaft, Sieges-Botschaft! Ursprung des Evange-liums, das Jesus Christus ist!

Dann folgt: *Wie geschrieben steht beim Propheten Jesaja - Siehe, ich sende meinen Boten vor dir her, der deinen Weg bahnen wird. Stimme eines Rufers in der Wüste: Bereitet den Weg des Herrn!* (EÜ)

Mk geht es um die Klärung der Gegenwart. Einleitend kombiniert er Verse aus den Propheten *Jesaja* und *Maleachi*. Es kommt ihm darauf an, dass *Johannes* der Täufer als Rufer in der Wüste jenem Vorboten gleicht, der den nahenden "Tag des Herrn" anzeigt (Mal 3,1; vgl. Mk 9,13). Schon *Jesaja* sieht die Wüste sinnbildlich, sie steht für das Leben in der Verbannung, mit der zerstörten, nur spärlich bewohnten Heimaterde im Hintergrund. Mk sieht nun die Parallele: jetzt, aktuell meint die Wüste das von römischen Truppen verwüstete, ausgeplün-derte, aufständische Land.

Zugleich erinnert das Bildwort von der weglosen Wüste, wo für den "Herrn" erst ein Weg gebahnt werden soll, an die Schöpfungserzählung: Gott (*Elohim*) schafft mitten in der Wüste und Leere (*tohu wa bohu*) Lebensraum. In den Augen des Mk wird Gott nun erneut als Schöpfer tätig, lässt neues Leben wachsen mitten in der Wüste römischer Zeit.

Dieses arme kleine Land, zur Wüste auch des Glaubens und der Hoffnung abgesunken, empfängt jetzt von Gott her Hilfe, und zwar durch einen Boten, in dessen Person Gottes Name – gleichsam sein *Wesen* – lebendig ist.

Als Gottesbote erscheint zunächst Johannes der Täufer (v 4; Mt 3,3; Lk 7,26f), nach dessen Gefangennahme wird es Jesus (Mk 1,14).

Das kombinierte Propheten-Zitat deutet nur an, die Hörer oder Leser sollen das Weitere ergänzen: die Jesaja-Verheißung mündet nämlich in die Ankündigung, Gott – JHWH – selbst werde die verstreuten Schafe suchen, sammeln und sie als fürsorglicher „Hirte" heimbringen (40,11).

Zunächst der Täufer.[9]

Johannes verband mit der Taufe den Umkehrruf zur Vergebung der Sünden (Mk 1,4 Par). Wie nach ihm Jesus, verkündete er, das Königtum Gottes sei herangekommen (Mt 3,2; vgl. Mk 1,15). Doch sah er es vor allem unter dem Aspekt des nahenden Zorn (-Gerichts: Mt 3, 7-10; Joh 3,36), von dem er auch die offiziell gesetzestreuen Pharisäer nicht ausnahm. Der landesweit bekannte Buß- und Umkehrprediger scheute sich nicht, selbst dem Herodes-Sohn *Antipas,* Herrscher von Galiläa (und Peräa) Gottes Zorn anzusagen, da die Tora verbietet, dem Bruder die Frau auszuspannen (Lev 18,16; 20,21).[10]

Die Wüste, in welcher der Gottesbote agierte, war nun nicht mehr bloß das verwüstete Land, sondern war die verbreitete Untreue zu Gott bei Herrscher und Volk, auch bei den sogenannten Frommen, war der allgemeine Ungehorsam gegen Gottes Weisung. Die elende politisch-soziale Lage erschien als Spiegelbild des zerrütteten Gottesverhältnisses Israels. Aus der Wüste des Volkstodes durch die

---

9 Nach Andeutungen im Joh-Evg vermutet man, dass der Täufer an 2 Orten taufte, einer Jordan-Furt nahe *Jericho* im Süden u. bei *Ainon,* wohl in Nord-Samaria gelegen. Doch die Ortsangaben sind vage.

10 Das dem *Herodes Antipas* angedrohte Gottes-Gericht kostete *Johannes* das Leben.

vernichtende Militärmacht Roms sollte eine Selbst-prüfung, Gewissensprüfung führen: Haben wir uns all das Schreckliche nicht selbst zugezogen, weil wir nicht mehr wirklich hören auf den Gott der Väter, ihm nur äußerlich, in Worten und Gerede treu sind, aber in der Praxis ungerecht, unsolidarisch, aus-beuterisch miteinander, zumal mit den Schwäche-ren, umgehen?

Lk überliefert Jesu Antwort an jene Boten, die ihm entsetzt berichten vom Massaker des *Pilatus* an galiläischen Pilgern: „Meint ihr, nur diese Galiläer waren Sünder, weil ihnen das widerfahren ist, die anderen Galiläer aber nicht?" (13,2).

So hätte auch der Täufer geantwortet. Der bewaffnete Weg aus dem äußeren Elend ist aber durch Roms Macht verbaut. Doch durch das Innere der Menschen - Totalrevision der Haltung zu Gott und Mitmenschen - führt, nach Überzeugung des Täufers wie auch Jesu, ein Weg aus der Misere, der Weg zu Gott und mit Gott zu einer alternativen Form von Leben und Gemeinschaft. Umkehr vom unaufhörlichen Rennen und verderblichen Kampf um das Ganz-vorne-sein, Umkehr von Spaltung der Gemeinschaft - sie wäre Wegbereitung, Begra-digung der Straße für den Herrn, für JHWH.

Der Ernst des Täufers, in dem die Propheten auferstehen, wird sichtbar im Kontrast von Kleidung (Kamelhaar) und Aufenthalt in der Wüste. Sein Auftreten zeigt sinnbildlich an: Gott hat sich entfernt von Städten und Dörfern der Menschen Israels: die Distanz des Heiligen zum Profanen ist riesig, ja total geworden. Gott will die zur Umkehr Willigen treffen am Nullpunkt ihres Daseins.

Tatsächlich kommen die Menschen aus ganz Judäa und sogar aus Jerusalem zum Täufer hinaus, bekennen ihre Untreue vor Gott und lassen sich taufen.

Der Akt der *Taufe* bildet das Realsymbol der Umkehr: im Untertauchen unter Wasser kommt der alte Mensch, geht das alte Leben zu Tode, das Tote schwemmt der Fluss hinweg, aufsteigt der gereinigte, geläuterte, neue Mensch, der in der Nacktheit des Auftauchens seine ursprüngliche Offenheit und Lauterkeit für Gott und Menschen wiederfindet.

Auch Jesus kommt, sich taufen zu lassen. Möglicherweise gehörte er, ehe er die eigene öffentliche Tätigkeit aufnahm, zum Kreis um den Täufer. Die von allen Evangelisten bezeugte Taufe Jesu wäre dann indirekt ein Hinweis, dass Jesus dort die eigene Berufung aufging (sie ist von den Evangelisten in den Taufvorgang selbst verlegt).[11]

Das Grundthema – das Nahekommen von Gottes Königtum (Alternative zum römischen Kaisertum), das Änderung des Lebens (griech. *metánoia*) forderte – verband sie miteinander, Auslegung und Akzentuierung von Gottes Königtum unterschied sie voneinander.

Eine Konkurrenz zwischen Täufer und Jesus vermeidet Mk, da der Täufer selbst, als Teil seiner Predigt, klarstellt: nach ihm komme ein Stärkerer, der, statt nur mit Wasser, mit „heiligem Geist" taufen werde (Mk 1,7f).

Die gängigen Übersetzungen (auch die neue LÜ

---

11 Dafür könnten auch die Hinweise sprechen, dass Jesus selber zunächst taufte (mit Hilfe seiner Jünger: *Joh* 3,22; 4,1f), wobei es gar zur Konkurrenz zwischen beiden Täufern kam (ebd).

bzw. EÜ) sagen, Jesus werde mit „dem Hl. Geist" taufen. Der bestimmte Artikel (grch. *ho* bzw. *to*) fehlt aber im Urtext. Deshalb muss die Übersetzung richtig lauten „mit heiligem *Geist* "[12] (vgl. Jes 63,10f; Ps 51,13) Der Ausdruck meint im AT die Dynamik von Gottes Liebe und Erbarmen (Jes 53,9).

So geht der Beter in Ps 51,13ff davon aus, heiliger Geist sei eine *Gabe* Gottes *zum Heil*, zur Hilfe; daher bittet er um einen „willigen Geist", damit er Irrende und Sünder lehren könne, umzukehren zu Gottes Wegen und Weisungen.

Der Täufer will also sagen, seine Wasser-Taufe bewirke nur die Offenheit für Gott, indes die Taufe, die Jesus bringt, die nötige *Kraft* zum Neueintritt in Gottes Wegweisungen, für Liebe und Erbarmen beinhalte. Um diesen Geist geht es im folgenden Abschnitt.

---

12 ἐν πνεύματι ἁγίῳ: Richtig bei *Wilckens, Stier* und *Gute Nachricht.*. Das grch ἐν steht für hebr. b[e.]

Die Berufung

Vers 9 wird feierlich eingeleitet: "Und es begab sich" (LÜ), "und es geschah" (EÜ) [13]
Warum wird die folgende Szene so feierlich eingeleitet? Weil erst jetzt *Jesus* auftritt, in einer Szene mit entscheidender Fernwirkung für alles, was erzählerisch dann folgt: Jesus, das Evangelium in Person, der eigentliche Gott-Gesandte, für den Johannes der Vorbote war.
Jesus aber wird von *Johannes dem Täufer* getauft.

Nur Mt bringt hierzu einen kurzen Dialog: der Täufer protestiert, nicht Jesus, er, Johannes, sollte von Jesus getauft werden; doch Jesus erwidert, sein Getauft-werden sei im Sinne der „Gerechtigkeit", d.h. der göttlichen "Rechtmachung" Israels. Dieses Zwischenstück bei Mt soll die spontane Irritation aufheben, die der auf den Messias Jesus eingeschworene Gläubige empfindet, wenn Jesus den Weg der Sünder zur Buß-Taufe geht.
Eine ähnliche, noch stärkere Irritation wird später *Simon Petrus* empfinden, wenn Jesus erstmals den Leidensweg ankündigt, und *Simon* glaubt, so etwas müsse Gott verhüten.
Jesu Leidensweg bringt ihn dann zwar wieder in Gleichschritt mit dem Täufer und dessen Schicksal, doch nur Jesus kündet sein Ende selbst an.

Bei Mk vollzieht Johannes wortlos die Taufe wie bei jedem anderen, der kommt. Das Besondere, das Jesus von allen anderen Unterscheidende folgt erst jetzt.

13 Griechisch *kai egéneto*: ein sog Semitismus, griech. Übersetzung des hebr *waj^{e}hi,* in der hebr. Bibel Signalausdruck für: JHWH kommt ins Spiel.

Hier sind nun die üblichen Übersetzungen unkon-
zentriert, sie übersetzen ´verschlafen`: „Als Jesus
aus dem Wasser stieg" (LÜ/EÜ). Wir haben aber
eine Tauch-Taufe vor uns. Übersetzt man den
griechischen Wortlaut genau, muss es heißen:
sofort im Heraufgehen aus dem Wasser sah er[14]. Es
ist natürlich der Moment gemeint, wo Jesus, erst
untergetaucht, wieder aus dem Wasser *hoch*kommt,
bevor er wieder aus dem Wasser steigt. Das
Jordan-Wasser steht für Tod ("Wasser des Todes") -
das Kreuz kündigt sich an, das Auftauchen real-
symbolisch für Auferstehung. Die Botschaft „er ist
auferweckt" (Mk 16,6) ist vorweggenommen bzw.
kündigt sich an. Auftaucht der neue Mensch, nun,
da das Alte abgetan und fortgeschwemmt ist, ganz
offen, Herz und Ohr, für Gott.
Bei Jesus erreicht die Taufe sogleich ihre Wirkung.
Während sich dem Bewusstsein aller anderen
Täuflinge (Kinder und Erwachsene) der Himmel nur
allmählich, im Lauf der Jahre und Jahrzehnte ein
wenig öffnet, mit Ungewissheit umflort, öffnet er sich
hier unverzüglich und in vollem Umfang. Für *Jesus*
öffnet sich der Himmel unmittelbar zum persönlichen *vis-à-vis* mit Gott, dem „Vater". Zugleich
macht die Taufszene offenbar, was unsichtbar, aber
real tiefster Sinn einer christlichen Taufe ist.
Jesus sieht und hört hier seine *Berufung*.
Dass Jesus sich hier taufen lässt wie die vielen
Sünder, die Johannes zur Umkehr ruft, versteht die
frühe Kirche als Ausdruck seiner völligen Solida-
risierung mit den Menschen Israels, er wird und ist
einer von ihnen: „Er erniedrigte sich und wurde
gehorsam bis zum Tod" (Phil 2,8).

14 *griech Wortlaut:* εὐθὺς ἀναβαίνων ἐκ τοῦ ὕδατος εἶδεν
(Mk 1,10)

Nun sagt der Text: *Jesus sah den Himmel aufreißen und das Pneuma einer Taube gleich herabkommen auf ihn* (v 10).[15]
Zunächst: „er sah". Das heißt: Jesus allein erlebt die Berufung und Gottesoffenbarung, keiner der Umstehenden noch das Gefolge.

Alle synoptischen Evangelien sind hier auf einer Linie. Aber das Joh-Evangelium lässt den Täufer an der Vision teilhaben, nimmt ihn *als Zeugen* in Beschlag – nur an der Vision, nicht an der Stimme und den Worten; der Täufer bezeugt aber den Gehalt der Worte: „Dieser ist der Sohn Gottes" (Joh 1,32-34). Doch ist auch im Joh-Evangelium keine Rede davon, dass die doch wohl anwesende Menge der Tauf-Willigen die Berufung Jesu in seiner Taufe ´mitbekommen` habe. Es geht also um eine Schau und Offenbarung, die ganz auf Jesus konzentriert ist, direkt und maßgeblich nur ihn betrifft. Kein Spektakel also, das die Leute überwältigen und Jesus öffentlich von oben legitimieren würde.

Der Himmel wird "aufgerissen" - ein einmaliger Ausdruck: Jesus sah „die Himmel zerspalten/zerrissen werden"
"Die Himmel": die Mehrzahl ist geläufige semitische Ausdrucksweise, ein sogenannter Plural der Mächtigkeit. Das griechische Wort *schízein* = zerreißen, spalten findet sich nur bei Mk. Die anderen wählen die gedämpfte Ausdrucksweise „Öffnung des Himmels", wobei "die Himmel", wie überall in der Alten Welt, für den ´Ort` Gottes, der Götter steht. Wie kommt Mk zu diesem markanten Ausdruck?

---

15 *griech. Wortlaut*: εἶδεν σχιζομένους τοὺς οὐρανοὺς καὶ τὸ πνεῦμα ὡς περιστερὰν καταβαῖνον εἰς αὐτόν.

An einer Stelle in der *Jesaja*-Rolle findet sich das gleiche Bild: „Ach, zerrissest (öffnetest LXX) du doch (die) Himmel (*šamajim*) und führest hernieder, auf dass Berge vor deinem Antlitz erbebten!" (63,19).

So endet ein Klagegebet über die erst „vor kurzem" erfolgte Vertreibung des „heiligen Volkes" von Juda mit Verwüstung des salomonischen Tempels durch die neubabylonische Großmacht (v 18; vgl. 2Kön 24,14).

Ähnliches liegt ja zur Zeit des Mk vor: das Land Juda verwüstet, der Tempel verbrannt, das Volk ohnmächtig, teils vertrieben, führungslos.

Der *Jesaja*-Schüler, der einmal so betete, erhoffte sich von JHWH einen Zornesausbruch der Art („Jetzt reicht`s!"), dass er in einem Wut-Sturm den Himmel aufreiße (hebr *qar ʿa*), im Blitz herabfahre, sodass die Berge – die Israel (dem *Zion*) feindlichen Mächte – erzittern und ins Wanken kommen. Mit solchem Befreiungsschlag soll JHWH wieder wie seit Urzeit König sein über sein Volk.

In einer vergleichbaren Zeit, im 30-jährigen Glaubenskrieg, der die europäische Welt zerreißt, Zeit auch des Hexenwahns, knüpft *Friedrich Spee* hier an und dichtet 1622 das Lied:
„O Heiland, reiß die Himmel auf… ihr Wolken, brecht und regnet aus den König über Jakobs Haus!"

Der aufgerissene Himmel entlässt das *Pneuma* (heiligen Geist), zuvor schon vom Täufer erwähnt (v 8). Der Ausdruck *herabkommend* ist schwächer als das entsprechende Wort "herabfahren" bei *Jesaja* (63,19).

Wie ist dieses Herabkommen zu verstehen? Aufschluss gibt die Beifügung " wie eine Taube"[16]. Die Taube bezieht sich auf *herabkommen*, nicht auf das *Pneuma* (hl. Geist).[17]

Zunächst zur *Taube als Symbol.* Die Taube ist uraltes Symbol-Tier der phönizisch-kanaanäischen Liebes- und Kriegsgöttin *Astarte* bzw der assyrisch-babylonischen *Ištar.* Deren Kult war etwa seit *Salomo* auch in Israel anzutreffen (1Kön 11,5; Ri 10,6; 1Sam 7,4). Von Israels Theologen wurde die *Astarte*-Macht (Liebesmacht) ebenso wie die *Baals-*Kraft (Fruchtbarkeit) auf JHWH, den Gott der "Väter", übertragen. Das auf Jesus einer Taube gleich herabkommende *Pneuma* bedeutet inhaltlich also die *Liebeskraft des Himmels*: sie geht auf Jesus über, er ist ihr Adressat.[18]

In unseren Kontext gehört auch: Tauben waren Opfertiere zumal des armen Volkes (vgl Lev 12,8; 14,22). Die Armen sind besonders im Blick bei Jesu Sendung zu Israel.

Die Liebe kommt herab in sanftem Schweben wie eine Taube zu ihrem Empfänger, anders als ein *Falke*, der herabstößt auf die Beute: ein Bild hoher Aggressivität.

Die im sanften Tauben-Flug empfangene Gabe der Liebe verleiht Jesus von Gott her den Geist der Sanftmut, wie Mt in einem Jesus-Wort erkennen

16 *griechischer Ausdruck*: ὡς περιστερά

17 Die traditionelle christliche Kunst sieht es anders, sieht die Taube als *Gestalt* des Hl. Geistes

18 Prediger und Katecheten klagen oft, man könne über den Hl.Geist den Leuten nichts Erklärendes sagen. Das Symbol der Taube ist jedoch sprechend: Tauben gurren, schnäbeln in der Balz, ein uraltes Bild für das liebende Zueinander... *Pneuma* steht für Gottes Liebesmacht!

lässt: "Nehmt mein Joch auf euch und lernt von mir, denn ich bin sanftmütig (*praýs*) und demütig von Herzen" (11,29): als Sanftmütiger lädt er die Mühseligen und Beladenen zur Ruhe bei ihm.

Indirekt spricht Jesus daher auch von sich, als er in den Seligpreisungen der Bergpredigt vor den Jüngern und der lauschenden Volksmenge die Sanftmütigen (*praeîs*)[19] preist: sie, nicht die Gewalttätigen, werden das Land - Israel - "erben" - mehr noch (denn der Blick des Evangelisten geht bereits mit der anhebenden Mission und im Sinne der Exils-Propheten zum *Welt*horizont): "sie werden die Erde erben" Mt 5,5).

Der Widerspruch gegen einen gewaltsamen Aufstand ist also für Jesus, für die Evangelisten fundamental.

---

19 Die frühere EÜ hatte übersetzt "Wohl denen, die keine Gewalt anwenden" - das ist historisch für Jesus und die Jünger zutreffend, doch geht es dem Evangelisten um mehr: die Gesinnung des Herzens.

Exkurs: **Gottes Liebe und der Tod**

Wegen seiner Bedeutung wollen wir den eben genannten _Welt_-Horizont noch näher ins Auge fassen. Das Mt-Evangelium schließt mit dem universalen ´Tauf-Befehl` des auferstandenen Jesus: "Geht, unterrichtet alle Völker, tauft sie auf den Namen des Vaters, des Sohnes und des Heiligen Geistes. lehrt sie alles halten, was ich euch aufgetragen habe; siehe, ich werde mit euch sein bis zur Voll-Endung der Weltzeit" (Mt 28,19f). Das ist keine Fortsetzung der Johannes-Taufe, die mit einer Gerichtspredigt über die Sünder verbunden war, sondern spiegelt den Neuansatz Jesu: die Menschen, die offen oder insgeheim um ihr Versagen und ihre Schuld in ihrem Gewissen, vor Gott wissen, müssen keine Vorleistung erbringen, um in Gottes Gericht bestehen zu können - Gott kennt ihre Schwäche, den schwachen Willen. Daher kommt Gott zu ihnen durch Jesus, kommt ihrer Umkehr zuvor und überschüttet sie mit seiner Güte, die er in Jesus sichtbar und in Gleichnis-Form hörbar macht. Gottes Liebe und Heils-Wille ist so verrückt, dass er wie ein Hirte noch das verlorenste eine Schaf sucht und wie ein vor Liebe blinder Vater noch den undankbaren, verkommenen Sohn küsst, umarmt und ein Freudenfest anberaumt. Es ist eine Liebe buchstäblich ohne Ansehen der Person. Sie gipfelt im Kreuzes-Tod Jesu, den der Apostel _Paulus_ so auslegt: "Gott hat seine Liebe zu uns darin erwiesen, dass Christus für uns gestorben ist, als wir noch Sünder waren" (vgl. Röm 3,21ff).

Wir können uns den 'Paukenschlag' von Gott her verständlich machen, wenn wir die normale Liebesfähigkeit der Menschen erwägen. Menschen lieben einander, solange es ihnen gut geht und solange sie meinen, vom anderen etwas zu "haben": Nutzen, Unterstützung, Solidarität - was immer unter "gleiche Wellenlänge" fällt. Zwischen Eltern und Kindern, Geschwistern und nahen Angehörigen besteht eine engere Bindung, ein natürlicher Zusammenhalt. Zwischen Feinden besteht Hass, manchmal Respekt, aber keine Liebe. In der Bergpredigt ruft Jesus gerade zur Feindesliebe auf (5,44), da Gott selbst zu seinen Feinden gut ist (v 45). Güte und Erbarmen des "Vaters", die Jesus in Wort und Tat bis zur Selbstgefährdung bezeugt, zeigen in Jesu Kreuzestod, dass sie *unbedingt* sind.

Gott, der den Tod des Sünders nicht will (Ez 18,23; 33,11), will noch weniger den Tod des Gerechten. Doch Jesus löst mit seiner autoritativen Verkündigung bei den Führern des Volkes soviel Angst aus, dass diese in Hass umschlägt. Unter normalen Menschen zieht man sich dann zurück, verhandelt, ergreift de-eskalierende Maßnahmen. Jesus hätte sich retten können, hätte, statt des *Judas*, selbst mit dem *Sanhedrin* Kontakt aufnehmen oder mit *Pilatus*, der zögerlich war, einen Handel machen können. Auch hätte er sich nach Galiläa absetzen können. Jedoch: Hätte er eine dieser Maßnahmen ergriffen, wäre es das Signal gewesen: Gott zieht seine Liebe, seinen Heils-Willen zurück, liebt die Menschen nicht um jeden Preis, setzt, wie es Menschen tun, Bedingungen: auch Gottes Liebe wäre ein *deal*.

Es hätte geheißen: Gott liebt um die (Mindest-) Bedingung, dass man seinen "Sohn" in Ruhe lässt, dass der heil bleibt. Wenn sich aber die Menschen-Partei am "Sohn" vergreift, gibt es Krieg, Rache, Gericht, tritt Gottes Supermacht auf den Plan (das Gleichnis von den bösen Winzern zeigt die Alternative). Für Jesus entwickelten sich die Dinge unvorhergesehener Weise, dass die Entscheidung fällig wurde: aufgeben - oder sterben, um damit erkennen zu lassen: Gottes Liebe ist bedingungs*los*, hängt nicht am Leben des "Sohnes", hält auch noch den Unverstand und blinden Hass der Engstirnigen und Unverständigen aus.

Jesus, der sich mit seiner Berufung völlig identifizierte, hatte zwar Angst vor dem Tod, aber im Trauen auf den "Vater" weniger Angst um sein Leben als die Ratsherren Furcht hatten vor den Römern und zitterten um das Leben des Volkes, ihr eigenes Leben und deshalb zu jeder Schandtat bereit waren. Dass jene, die Jesus den Römern auslieferten und so ans Kreuz brachten, nicht wussten, was sie taten - was sie Gott antaten -, reflektiert schon *Petrus* in seiner Predigt in der Apostelgeschichte (3,17). Und mit der Erfahrung "Gott hat den Gekreuzigten auferweckt" bezeugt er den Zuhörern die wahrhaft *un*endliche Liebe Gottes, die weder Tod noch Todesangst brechen und beenden können.

Diese wahrhaft *un*endliche Liebe Gottes wird nun *in jedem Taufakt* dem Menschen zugewandt, so dass er hineingenommen wird in die Hingabe Jesu an den "Vater" ("mit-gestorben, mit-gekreuzigt") und mit jenem "auferweckt", d.h. hineingezogen in das neue gottgegebene Leben, das den Täufling mit Jesus über die Abgründe hinweg in die Leben spendende Liebe Gottes hineinnimmt (vgl. Röm 6,4-8; 2Kor 5,17).

V 11 Das Geschehen auf der Bildebene wird nun auf der Wortebene ausgeführt und erläutert.

Erneut ein Ruf in der Wüste. Der Ruf der *Berufung*! Aus aufgerissenem Himmel, in die Not Israels hinein erschallt der Ruf: "Du bist mein Sohn, der geliebte, an dir habe ich Gefallen gefunden".

Nicht wenige Erklärer denken bei diesem Ruf an Ps 2,7: „Mein Sohn bist du, heute habe ich dich gezeugt" - Einsetzungs-Formel für den von JHWH erwählten König.

Der Ruf aus dem Himmel kehrt wortgleich wieder in der Erzählung von Jesu Verklärung Mk 9,7 Par. Lk setzt an dieser Stelle die Abweichung: „auserwählt", statt „geliebt", womit er den Sinn des Beiwortes "geliebt" erläutert. Im Hintergrund stehen dabei Verse aus *Jesaja*: Jes 42,1, wo der berufene Knecht Gottes „erwählt" genannt wird, an dem JHWH „Gefallen hat" (hebr. *razah*) . Auch Jes 53,10 kommt in den Blick: JHWH hat Gefallen an seinem (zerschlagenen) Knecht, denn was Er will und mag, sein Gefallen wird durch ihn gelingen.

Der Geliebte ist der von Gott Gewollte (der, der für die Sendung „passt").

Hier stoßen wir auch auf die Wurzel für Jesu Antwort im Verhör auf die Frage des Hohepriesters: „Bist du der Messias, der Sohn des Gesegneten?", diese Kernfrage, die Jesus bejaht: „Ich bin es" (Mk 14,61). "Messias" ist biblischer Titel für den von JHWH erwählten König.

Jesus wendet den Titel im Mk-Evangelium allerdings nie auf sich selbst an und untersagt den
Jüngern, ihn vor den Leuten so zu nennen.

In **v 12** beginnt eine neue Szene: Erneut heißt es:
sofort, unverzüglich. Das empfangene *Pneuma*
treibt Jesus hinaus.[20] Wie ein Dämon wird Jesus
(hin)ausgetrieben, fortgescheucht …in die Wüste.
Geographisch kann man an die Wüste Juda denken
(falls Jesus dort im Süden getauft wurde).
Theologisch: Hinaus aus dem Täufer-Kreis, fort von
der Menge, der innige Kontakt mit dem *Heiligen*
drängt ihn fort von den Sündern, in die Absonde-
rung.
Geschichtlich: Wüste meint (wieder) das geschlage-
ne, zerstörte Land nach der blutigen Vergeltung der
römischen Besatzer, wohin Jesus sein Auftrag führt.
Spirituell: Es geht um die Klärung der in der
Berufung übertragenen Aufgabe. Jesus wird sich in
der Folgezeit öfter absondern für eine „Wüstenzeit".

V 13: *Und er war in der Wüste 40 Tage, versucht
(geprüft) vom Satan, und er war mit den (wilden)
Tieren.*
Die Zahl 40 (Tage) erinnert an Israels Wüstenzeit
und Erprobung (Dtn 8,2). Auch Jesus wird erprobt,
gesiebt (wie andere Berufene der Menschheits-
geschichte), macht durch vor dem neuen Einzug ins
Verheißene Land (als neuer Mose), geht in die
Versuchung (vgl. Ex 17,7). Prüfer ist, praktisch im
Auftrag des Gottesgeistes (Pneuma), *Satan*.

---

20   Der griechische Ausdruck für "austreiben" (ἐκβάλλειν)
wird sonst verwendet für die Austreibung von Dämonen.

Mt und Lk (jeweils Kap.4) gehen bei Jesu Versuchung ins Detail, durchaus mit Recht. Denn JHWH sagt zu dem Erwählten (dem „heute gezeugten [König-] Sohn") auch jetzt:

„Heische von mir, so gebe ich die Völker als Erbe dir, als Besitz dir die Enden der Erde" (Ps 2,8)
Aber wird Jesus, gemäß seiner Berufung, sich an den "Vater" (Israels JHWH) halten?
In der historischen Situation ist Satan Sinnbild für *Rom*, den Imperator, der an Günstlinge und Kollaborateure Königstitel und damit Völker verleiht, damit sie für ihn die besiegten Völker niederhalten und ausbeuten. Mit seinen Talenten, seinem Können wäre Jesus Anwärter auf eine Würde wie die eines „rex socius". Mit Brotvermehrung nach Wunsch könnte er reich werden, die Massen von seiner Person abhängig machen.
Auf den politischen Kontext weist auch der verdeckte Hinweis bei Mk, dass Jesus „mit den wilden Tieren war".

Im Buch Daniel, in der Johannes-Apokalypse steht eben dieses Wort für unmenschliche, anti-göttliche Großmächte, mit denen – als Versuchung, ihr Diener zu werden – Jesus hier konfrontiert wird. Dass Jesus im dreifachen Kampf mit Satan (≈ Rom) siegt, ist bei Mt / Lk „Evangelium Teil I"!
Und die Engel dienten ihm: Mk denkt auch an jene Leser und Hörer, die fragen: Wie stand Jesus denn diese lange Zeit in der Wüste durch? Zeitangabe und Wüste stehen ja für einen längeren Selbstprüfungs- und Ausleseprozess: wird Jesus, der Berufene, vor den Verlockungen dieser raffinierten und brutalen Welt stark, kräftig genug sein?

Doch Mk signalisiert: keine Sorge, in der ganzen Zeit waren ihm *gute Geister* („Engel") zu Diensten, hat Gott ihn gestärkt durch Helfer und andere dienstbare Geister (zB Frauen: Ps 91,11-14; Lk 10,40 [Martha]; Mk 15,41).

V 14: Nachdem der Täufer verhaftet war, ergreift Jesus die Initiative und geht ins nördliche Galiläa – wohl nicht nur, weil es seine Heimat ist, sondern weil es der unruhigste, problematischste (gewalttätigste) Landstrich ist, und verkündet dort sein Evangelium – die Siegesbotschaft Gottes.

V 15: *Er verkündete: Erfüllt ist die Zeit, herangekommen das Königtum Gottes: Ändert euren Sinn und vertraut dieser frohen Kunde!*
Der rechte Zeitpunkt ist da, der *kairós* (das Zeitmaß) der Weltmacht ist erfüllt, ihr Maß ist voll, Gottes Königtum herangekommen in Person: in Jesus als Berufenem (kein Prätendent).

Denkt um – es geht nicht so weiter wie bisher, stellt euch um und neu ein, ändert eure Einstellung und vertraut d(ies)er Freudenbotschaft! (deren Unterpfand er selber ist).

V 16ff: Nun wird es ernst. Jesus handelt gemäß der von Gott heraufgeführten neuen Zeit. Er sucht sich *zwölf* Männer, die die Vorhut, den Grundstock des erneuerten Israel bilden sollen – aber keine "Promis", keine Fachleute, keine Militärs, keine Priester oder Rabbiner, sondern Seefischer, die schlichtesten Leute, die er gerade finden kann, "Hinz und Kunz", könnte man sagen.

Die Ehrgeizlinge und Streber, die davor 'auf Messias machten`, hatten zu viel gewollt, waren zu ehrgeizig, verfolgten eigene Interessen, scheiterten aber und rissen das arme Volk mit in den Abgrund.

Mit denen, die sich Jesus jetzt zusammensucht, ist buchstäblich kein Staat zu machen. Darum geht es auch nicht, sondern die neugewonnenen Helfer sollen Menschen sammeln helfen („Menschenfischer") für die Gewinnung eines neuen, innerlich gläubigen, solidarisch verbundenen Israel.

Man kann fragen, wie es komme, dass diese Fischer vom See ihren Arbeitsplatz, ihr Haus, ihre Familie auf Zuruf so einfach aufgaben, um mit Jesus fortzugehen. Die wahrscheinlichste Erklärung: weil sie ihr Leben bis dahin (derb ausgedrückt) „zum Kotzen" fanden. Vom Fischfang zu leben war ein ständiger Überlebenskampf. Besatzungsmacht und von ihr eingesetzte Instanzen ließen sich den Fischfang teuer bezahlen: Fischerei-Lizenzen, Produkt- und Gewerbesteuern, Transportzölle.

Man war auf sich selbst gestellt ohne Entlastung, Schutz und Versicherung. Zu Wohlstand konnte man nicht kommen, aber ins Elend geraten. Jesu Ruf schien Lebensinhalt zu bieten, eine Perspektive in einer erneuerten Solidar-Gemeinschaft.

Exkurs: **Jesus - Israel – Kirche**

Eines sollte man sich klarmachen: Gottes Berufung will Jesus nicht erhöhen als ein über der Erde stehendes Individuum, nicht als einsam thronende, in sich ruhende Persönlichkeit (ähnlich *Buddha*).

Gott beruft ihn nicht zum „Superstar", nicht zum weltentrückten Einsiedler, noch zu einem begnadeten Religionsstifter oder genialen Philosophen.

Jesus ist von Anfang an da *mit seinen 12 Jüngern*, als Animateur einer Zelle eines erneuerten Zwölf-Stämmevolkes. Er verfolgt nicht, wie fast alle Menschen, die wir kennen, offen oder insgeheim persönliche Ziele, ist kein Karrierist, auch kein Vorsitzender, sondern ist „in eurer Mitte als der Tischdiener" (*Diakon*: Lk 22,27). Man kann Jesus nicht haben ohne die Jünger, man versteht Jesus nicht, ohne ihn als den zu sehen, der seine Jünger anstößt, dass sie seine eigene Tätigkeit fortsetzen und multiplizieren!

Das wird von den Christen weithin nicht gesehen und in seinen Konsequenzen bedacht. Die Älteren haben aus den Siebziger Jahren des 20. Jahrhunderts noch den Slogan im Ohr: „Jesus Ja, Kirche Nein". Diese Einstellung, so etwas wie die Kirche brauche man eigentlich nicht, der Glaube genüge, ist bis heute verbreitet, nicht zuletzt in den Medien.

Im Anschluss an den Leipziger Katholikentag schrieb ein Kommentator: *Ohne Gott leben? Man kann sicherlich ohne Kirche leben – erst recht ohne Amtskirche.*

Aber gerade die ethischen Werte des Christentums sind große humanitäre Errungenschaften. Eine Welt, in der die Nächstenliebe nicht mehr zählt, möchte man sich gar nicht vorstellen.[21]

Der Autor dieser Zeilen kommt gar nicht auf den Gedanken, dass eine Welt ohne Nächstenliebe die Folge einer Welt ohne Kirche(n) sein könnte.

Zur Verdeutlichung des Themas werfen wir einen Blick in die theologische Debatte um die Bedeutung *Jesu* im jüdisch-christlichen Dialog.

Die jüdisch-christliche Kontroverse entzündet sich an der Aussage des Joh-Prologs „Und das Wort ist Fleisch geworden und hat unter uns gewohnt" (1,14).

Nun kennt der jüdische Glaube mehrere Weisen des Herabsteigens Gottes zu seinem Volk im Sinne von „Einwohnung": Im Tempel, auf dem *Cheruben-Thron* war ER anwesend, in der *Tora* hat ER sich verleiblicht, ein *Zaddiq* – ein spirituell vollendeter Lehrer – kann eins sein mit IHM. Jüdische Gelehrte stoßen sich an der *Zuspitzung*, die das Christentum vornimmt: in diesem einen – Jesus von Nazaret –, in keinem anderen ist Gott Mensch geworden. Das sei eine unjüdische und – soweit die hebräische Bibel Maßstab sei – unbiblische Vorstellung.[22]

Der ungarisch-amerikanische Gelehrte *Michael Wyschogrod* argumentiert, dem Christentum fehle „eine zentrale theologische Einsicht … Einfach

21 Rhein-Neckar-Zeitung vom 28./29. Mai 2016
22 *Alon Goshen-Gottstein*, Das Judentum u. die Inkarnations-
    theologie, in: Freiburger Rundbrief 4/2005, 242-253; vgl.
    C. Thoma, Art. Inkarnation, in: *Petuchowski/ Thoma*, 158ff

ausgedrückt spreche ich von dem Axiom, dass Gott das jüdische Volk als ganzes erwählt hat und dass auch, obwohl er aus seinem Volk Propheten, Könige, Retter und Priester berufen hat … sie alle ihre Bedeutung nur insofern hatten, als sie aus Israel kamen und nach Israel zurückkehrten als Glieder der Nation … Wenn wir die Hebräische Bibel ernst nehmen, kann es keinen einzelnen geben, so bedeutend und prominent er auch sein mag, dessen Gottesbeziehung einseitig ist, so dass dabei das Volk Israel nicht der entscheidende Zweck wäre, dem diese Beziehung dient. Die Könige, Priester und Propheten Israels waren gesandt, das Volk Israel zu regieren, ihm zu dienen und es anzureden; ohne dieses Volk hätte keiner von ihnen irgendwelche Bedeutung gehabt, noch wäre seine Sendung denkbar gewesen".[23]

Wyschogrod anerkennt durchaus, dass die hebräische Bibel von Gottes Erscheinen in Raum und Zeit weiß, auch in Menschengestalt, aber nicht in der zugespitzt körperlichen Form, wie das Christentum annehme:: *und das Wort (der Logos) wurde Fleisch und wohnte (zeltete) unter uns.* Er meint, nach der Trennung von Juden und Christen und nach Erlöschen des Judenchristentums habe das Heidenchristentum Israel theologisch ausgeklammert und, statt semitisch-biblisch, griechisch-philosophisch weiter gedacht und sich zunehmend auf *Jesus ohne Israel* konzentriert.

Hans Hermann Henrix, ein katholischer Experte für das Gespräch Christen-Juden, vertritt gegen diesen

23 *M. Wyschogrod,* Inkarnation aus jüdischer Sicht, in: Evangelische Theologie 55 (1995), 13-28. Kritisch dazu *H.H. Henrix*, Jesus Christus im jüdisch-christl. Dialog, StdZ 1/2006, 43-56

Einwand, es sei nicht der Siegeszug der Philosophie gewesen, sondern „die freie Entscheidung des souveränen Gottes Israels, so in dem einen Sohn des jüdischen Volkes Jesus von Nazaret Wohnung zu nehmen, dass wir … für die Kennzeichnung der Wohnungsnahme Gottes keinen besseren Begriff als den der Fleischwerdung des Wortes oder Sohnes Gottes aufbieten können" (a.a.O).

Damit allein, mit der Berufung auf Gottes freie Entscheidung, wird man wohl der jüdischen Anfrage nicht gerecht. „Gott wollte es so" bedeutet in nüchterner Sprache: „Ich weiß keine Antwort auf deine/eure Frage". Die Ausklammerung Israels (trotz Röm 9-11) aus dem Glaubensbewusstsein der Kirche ist ja eine unbestreitbare Tatsache.

Aber schaut man näher hin, scheint es doch, dass dem christlichen Bewusstsein die Grundstruktur des biblischen Gottesglaubens und der Gottes-Erfahrung erhalten geblieben ist.

Die isolierte Verehrung des Jesus von Nazaret als einzigartiger Gestalt und exklusiver Persönlichkeit scheint stark mit dem abendländischen Geist, der Mentalität zusammenzuhängen, die Helden verehrt und um „Stars" einen Kult macht. Die neuzeitliche Anthropo-Zentrik und der moderne Individualismus scheinen diese Entwicklung stark gefördert zu haben.

Aber schon Jesus selbst musste sich mehrmals vom Bedürfnis der Leute, ihn zu verehren, distanzieren und zurückziehen: als er in Kafarnaum viele geheilt hatte und die Leute ihm die Jünger nachjagten: „Alle suchen dich!", distanziert er sich:

seine Aufgabe sei die Verkündigung, „dazu bin ich gekommen" (Mk 2,32-39).

Als er 5000 gespeist hatte und man ihn zum „König" machen wollte, zog er sich in die Einsamkeit des Berges zurück (Joh 6,15).

Die Erzählung von den Versuchungen (Prüfungen) in der Wüste (Mk 1,12f Par), die auf seine Berufung (Taufe im Jordan) folgt, spiegelt seinen bestandenen Kampf gegen die Verlockungen, sich von Gottes Sendung zu emanzipieren und eine private Karriere anzustreben.

Gottes Auftrag aber bedeutete für Jesus die exklusive Sendung zu den „verlorenen Schafen des Hauses Israel", Gottes „Kindern", für die sein „Brot" bestimmt ist, nicht für die „Hündchen" (Mt 15,24; Mk 7,27Par). Das ist eindeutig, ja scharf abgrenzend.

Jesus hat sich selbst nicht als abgehobene Persönlichkeit begriffen noch an seiner Selbstvervollkommnung (Asket, religiöses Genie, Aussteiger u.ä.) gearbeitet. Vielmehr, noch ehe er die erste Synagoge als Prediger betrat, berief er nach Zeugnis des Mk *Jünger* als Grundstock des erneuerten Israel, wusste er sich doch „zu den verlorenen Schafen des Hauses Israel" gesandt. Jesus tritt nie auf ohne die Jünger, fast nie ohne eine hörende Menge von Leuten aus dem Gottesvolk. Auch wenn er sich zurückzieht, um zu beten, tut er es um seiner Sendung zu Israel willen.

Nach Mk 1,14f verkündet er das nahende „Königtum Gottes" (*malchút šamaijim*) als Frohe Botschaft für Israel. Jesus ist von vornherein bezogen auf Tora, Israel, Israeliten, 12 Jünger, versteht sich als Glied des Gottesvolkes.

Ohne die Zwölf, die er beruft, ohne die Söhne und Töchter Israels, denen er sich zuwendet, ist Jesus nicht zu denken: ohne sie ist er nichts, ohne sie ginge auch seine intime Beziehung (samt "Vollmacht") zum „Vater" ins Leere.

Aus Sicht des Volkes, der Leute ist er einer von ihnen, mutmaßlich ein Prophet, ein Rabbi, eventuell Messias – ist seine Rolle, seine Sendung auf Israel gestimmt. Die römische Kirche hat in den letzten Jahrzehnten Jesu Zugehörigkeit zu Israel, zum Judentum amtlich anerkannt, aber wohl nicht deutlich gesehen, dass seine Individualität nur besteht und nur Inhalt hat durch seine Sozialität. Ein von Israel und den Zwölfen (Exponenten Israels) isolierter, auf ein einsames Podest gehobener Jesus ist verkürzt, ja verfälscht. Auch wenn, vorbereitet durch die Exils-Propheten, der Horizont sich zu den Völkern der Erde weitet, macht *Paulus* den Christen aus den Völkern klar, dass sie ein Trieb sind, eingepfropft in den wilden Ölbaum Israel, getragen von seiner Wurzel (Röm 11).

Die Einseitigkeit des neuzeitlichen Individualismus auch in der Christologie ist auch *philosophisch korrigierbar.*

Nach *Aristoteles* ist die *Polis* (Staat, Gesellschaft) früher als der einzelne Mensch, der einzelne Mensch von Natur ein gesellschaftliches Wesen (*zōon politikón,* animal sociale). Es verhält sich zu Staat-Gesellschaft wie ein Teil zum Ganzen, ein Teil, erst dann *ganz*, wenn es seinen Platz im Ganzen einnimmt (Politik 1253a).

Diesbezüglich hat auch *K. Marx* Recht: „Der Mensch, das ist kein abstraktes, außer der Welt hockendes Wesen.

Der Mensch, das ist *die Welt des Menschen,* Staat, Sozietät" (Zur Kritik der Hegelschen Rechtsphilosophie, Einleitung).[24]

Sieht man die Dinge so, gehört zu Gottes Menschwerdung konstitutiv (als Anteil) Jesus im Bezug zum Gottesvolk – Israel erweitert durch die Völker („Heiden") –, das durch Umkehr verwandelt werden soll in Gottes Königsherrschaft, die aber, nicht mehr vom Tod begrenzt, hinüberführt in Gottes eigenes Leben.

In einem grandiosen Hymnus, inspiriert von *Paulus* (Röm, 1+2Kor), redet der Epheserbrief Jesus Christus an als „unser Friede": er habe durch das Kreuz „beide (Juden und Griechen) in einem Leibe mit Gott versöhnt"; durch ihn hätten beide in einem Geist Zugang zum Vater" (2,14-18). Der Geist baue beide Gruppen zum „Haus Gottes" auf. Doch bevorzugt *Paulus* den Begriff „Leib" (*sōma*). Der Geist habe uns nämlich durch die Taufe „zu einem Leib" vereint (1Kor 12,13). Die Gemeinde, die Kirche „aus Juden und Völkern" wird zum auferweckten Kreuzes-Leib Jesu Christi. Am Kreuz versöhnt er Juden und Griechen (d.h. Völker, „Miterben": Eph 3,6).

Die sich *im Geist* selbst erschließende Versöhnungs-Kraft Jesu Christi, des Gekreuzigten,

---

24 Auch das christliche Philosophische Wörterbuch von *M. Müller/ A. Halder* (Freibg/Br 1988, Art. Gesellschaft) betont, Gesellschaft sei nicht etwas, „in das der Mensch erst nachträglich gerät, sondern ein ursprüngliches Phänomen (*der Mensch wird nicht als Einzelner geboren und vergesellschaftet sich dann später zB durch Gesellschaftsvertrag wie bei Rousseau, sondern er kommt durch Geburt je in eine konkrete Gesellschaft und begreift sich dann nur innerhalb ihrer als Einzelner*)".

vergegenwärtigt sich in der Gemeinde / Kirche als „Leib Christi", der viele, einander dienende Glieder hat, gelenkt von ihm als dem „Haupt" (Kol 1,18).[25]

Jesus Christus kann also nur zusammen mit der Gemeinde, Kirche als seinem „Leib" gedacht werden; ohne sie ist er ein Abstractum, eine gedankliche Figur.

Wenn wir aber die Ausführungen des Apostels *Paulus* im Römerbrief (Kap. 9 -11) über das Verhältnis Christen-Juden recht verstehen, dann können Christen den "Leib Christi" nicht als abgeschlossene Körperschaft denken, vielmehr sind sie angehalten, Christi "Leib" als offenen, unvollendeten Organismus zu denken, der von Gott selbst, dem reuelos Berufenden, für die Glieder des ungekündigten Ersten Bundes offen gehalten wird.

Zugleich bestätigt sich so die von *Wyschogrod* monierte Grundstruktur biblischer Erfahrung von der „Einwohnung" Gottes - hier durch Jesus Christus – in seinem Volk und für sein Volk. Gottes „Einwohnung" hat jedoch im Christentum *österliche* Struktur: sie ist immanent und transzendent zugleich, ist in der Welt und geht doch über Raum und Zeit hinaus.

Für die einzelnen Jüngerinnen und Jünger aber bedeutet dies, dass sie zu Gott durch Jesus Christus nur eine Beziehung haben, die gehalten und vermittelt ist durch das Gottesvolk, das neue Israel, die Kirche, welche im Alten Israel gleichzeitig die ältere Schwester sieht.–

---

25 Vgl. *H. Schlier*, Grundzüge, IV 2.

Die Aus-Zeit des Heilers

Jesus setzt sich zu Israel in Beziehung auch negativ bzw. alternativ. In Galiläa angekommen, fängt er nicht, wie die anderen, an, Verschwörer um sich zu sammeln, Terroristen, Handlanger der Revolution, sondern geht in die Synagoge von *Kafarnaum* (Mk 1,21ff), lehrt und macht die Zuhörer betroffen über die „Vollmacht" seines Wortes (das Thema seiner Lehre wird gar nicht genannt), und er – *heilt*: gleich vor Ort einen Besessenen, dann *Simons* Schwiegermutter, dann eine unbekannt große Zahl von überall schnell beigebrachter Leidender, einen Aussätzigen, Gelähmten und, und, und.

Ein Messias, der ein Heiland[26] ist.

Jesus ist nicht zu verstehen noch nachzuahmen noch zu verehren ohne die Menschen, auf die er ständig zugeht, die er voller Mitgefühl um sich sammelt zu Heilung und Heil. Dies bedenken und nachahmen wäre recht verstandene *Herz-Jesu*-Verehrung!

Allerdings mit einer wichtigen Ergänzung.

Zunächst heißt es, dass Jesus in Kafarnaum „viele heilte" (Mk 1,34): einzelne am Weg, dann alle möglichen Patienten des Städtchens. Auffälligerweise wird nicht gesagt, Jesus habe „alle" geheilt, sondern „viele", obwohl einleitend gesagt wird, die Leute hätten „alle" Kranken und Besessenen zu ihm gebracht (1,32).

Immerhin heilte er so viele, dass das so weitergehen könnte mit dem Heilen, so denken anscheinend die Leute.

26 althochdeutsch für *heilend, Heiler*

Am nächsten Morgen finden sich weitere Kranke und Angehörige vor *Simons* Haus ein: vielleicht jene, die am Vorabend nicht geheilt wurden, vielleicht auch Menschen aus der Umgebung. So viele, dass alle: die Leute, die Jünger, ihn „suchen". Doch Jesus ist gar nicht da. Er hat sich dem Ansturm „in aller Frühe" (v 35) entzogen an einen „einsamen Ort, um zu beten".

Dieses Beten ist wohl nicht formell gemeint (wie die "täglichen Gebete" der Christen, das Stundengebet im Kloster, oder wie das heutige jüdische Achtzehn-Bitten-Gebet).

Doch Jesus weiß sich im Dienste dessen, der ihn berufen, gesandt hat, versteht sich als „Knecht" Gottes (vgl. Apg 3,13.26; 4,27.30). Jesus sucht die Einsamkeit, um Luft zu schöpfen, wieder zu Atem zu kommen. Er hatte am Abend, bis in die Nacht viele geheilt. Die Gabe zu heilen ist verführerisch, für alle Beteiligten. Der Erwartungsdruck steigt und steigt, die ganze Not der Welt möchte daherkommen. Und dem Heiler wird, neben viel Zuneigung, große Macht über Menschen zuteil, und das wird ihm bewusst. Er hätte ausgesorgt, bräuchte in seinem Leben nichts anderes mehr zu tun als heilen. Auch wenn er immer nur einige wenige Menschen heilen würde, die Nachfrage nach ihm würde nie versiegen.

„Alle suchen dich!" Ein schönes Gefühl. Da schwingt aber mit: Alle *ver*suchen dich: Nimm doch diesen Weg! Komm zu uns! Du hast eine Karriere vor dir! Und der "Heiland", der von allen gesuchte Therapeut, fühlt die Notwendigkeit, sich neu zu sammeln. Den Heil- und Prestigeerfolg bei den Menschen *aus*zuatmen. Seine Sendung von Gott her wieder neu *ein*zuatmen.

Sich seiner Sendung neu zu vergewissern und naheliegende Versuchungen abzuwehren. Das kann er nicht, wenn die Leute sich um ihn drängen.

Auch nicht zusammen mit den Jüngern: die erliegen zu leicht dem Erwartungsdruck der Menge: „Alle suchen dich!" Man hört den vorwurfsvollen Unterton derer, die „ihm nacheilten". Das ist harmlos übersetzt. Der griechische Ausdruck (*katadiôkein*) sagt genauer übersetzt: „sie jagten ihm nach", „sie verfolgten ihn". Sie haben also keinen Morgenspaziergang gemacht, sondern sind ihm hinterher gehastet, keuchend, schwitzend, getrieben von den Vorhaltungen der Leute: Wo bleibt er denn?! Es kann doch nicht sein, dass er nicht da ist! Wir sind extra früh aufgestanden ..., extra den langen Weg von X hergekommen! usw. Den Jüngern ist die Sache peinlich. Und der Druck der Menge entlädt sich in der Vorhaltung: „Alle suchen dich!"

Doch Jesus hat sich gesammelt, widersteht dem Druck: „Lasst uns anderswo hingehen, in die umliegenden Ortschaften, damit ich auch dort verkünde; denn dafür bin ich hergekommen!" (v 38). Jesus weiß nicht nur, was er will, er weiß auch, was er *soll*, was sein Auftrag ist. Er hat sich dessen in der Einsamkeit neu vergewissert. Um seine Sendung nicht zu gefährden, zeigt er Mut und Entschlossenheit, die vielen Leute in Kafarnaum stehen und – umsonst! – warten zu lassen. Man kann sich Enttäuschung und Bitterkeit der vergeblich Wartenden ausmalen. Doch Jesus weiß, dass die am Vortag vollbrachten Heilungen nur *Zeichen* sind (Mk 2,10.17; Mt 11,2ff); dass *die Heilung, für die er gekommen ist, viel tiefer ansetzt.*

Dass es nicht darum geht, nur ein (noch so schmerzendes) Symptom am Menschenleben zu heilen, sondern dieses Leben selbst an der Wurzel. Dass er gesandt ist nicht nur, um leidende Menschen vor zu frühem Tod zu bewahren, sondern, durch den Dienst seines Lebens, sie neu auf Gott auszurichten, damit *Gott selbst* „alle Tränen in den Augen" der Menschen „abwische", Leid und Tod „für immer beseitige" (Jes 25,8; vgl. Apk 21,4).

Darum ist die Fortsetzung bei Mk logisch: „Und er kam verkündigend in ihre Synagogen durch ganz Galiläa" (1,39). Was verkündigt er? Eben die Freudenbotschaft, Siegesbotschaft vom herangekommenen Königtum Gottes und ruft die Zuhörer dazu auf, umzudenken. Wie Mk erkennen lässt, geht Jesu Heilungstätigkeit weiter, doch wird sie deutlich zum *Begleit*aspekt (nicht Zweck) seiner Berufung und Sendung.-

Die Jünger - "eine neue Schöpfung"

Nun machen wir einen *Sprung*. Wir hatten gesehen: zum Ursprung seiner Sendung gehört, dass Jesus Jünger beruft – nicht intellektuelle Artisten, nicht Politik-Profis, nicht Pharisäer, sondern welche von den einfachen Leuten, wie es die Fischer am See sind. Die Jünger behält Mk im Blick, kommt immer wieder auf sie zurück, sie gehören zu Jesus *konstitutiv*. So in Mk 3,13-19, wo sie alle namentlich genannt werden, beim Gründungsakt der Zwölf. Zentral v 14, wo es in den Übersetzungen heißt: „er setzte zwölf ein". Das ist nicht falsch wiedergegeben, doch das griechische Wort ist stärker: *epoiäsen dôdeka,* buchstäblich: „er schuf zwölf"! Die Zwölf stehen, wie wir wissen, für Israel (12 Stämme), sie bedeuten die (Neu-) Schaffung Israels, vorgreifend auch die späteren Jünger, die sogenannten Christen, die Kirche.

Schon im AT geht die Rede, dass JHWH Israel schaffe und geschaffen habe: „So spricht JHWH dein Schöpfer, Jakob, und dein Bildner, Israel" (Jes 43.1).[27]
Mk wählt den Ausdruck *schaffen* für die Gründung der Zwölf bewusst: als Klarstellung, dass hier durch Jesus der Gott Israels handelt.
In Kap.6,7-13 sendet Jesus die Zwölf, die er „schuf", aus: sie sollen außer dem Nötigsten nichts bei sich haben, damit man sie nicht für Bettler, Steuerfahnder, Händler, Aufwiegler oder sonst etwas halten kann, damit sie vertrauenswürdig allein die Frohe Botschaft vertreten, zur Umkehr rufen und

27 Das hebr. Spezialwort ברא für Gottes Schaffen wird in LXX u. NT mit ποιεῖν oder κτίζειν übersetzt

Kranke gratis heilen können. Sie sollen, anstelle Jesu auftretend, ihn *re*präsentieren: als wahre Multiplikatoren Jesu, buchstäblich ´Vervielfältiger` seiner Person, seiner Botschaft, seines Dienstes. Von ihnen könnte schon gelten, was *Paulus* von den Getauften sagt: sie haben den Messias (*Christós*) Jesus als Gewand angelegt (Gal 3,27). Sie sind einzeln und gemeinsam – nach Bischof *Cyprians* Ausdruck – „alter Christus".

Jesus und "der Weg"

Wir kommen zu *Kap. 8*, das Entscheidendes zur Sprache bringt.

Zunächst hören wir vom Messiasbekenntnis des Petrus bei *Caesarea Philippi.* Die Stadt war zu Ehren des neuen Caesar *Augustus* vom Herodes-Sohn *Philippus* einige Jahr vorher an der Jordan-Quelle neu errichtet, mit griechischen und römischen Siedlern besiedelt worden, also heidnisch-unrein, sodass Juden die Stadt mieden. Jesus und Jünger suchten daher nur die umliegenden Dörfer nahe der neuen Stadt auf (sie existiert heute nicht mehr). Ab Kap.10 beginnt bei Mk "der Weg" (*hodós*), den Jesus von Galiläa nach Süden, nach *Jerusalem* nimmt.

Zuvor fragt Jesus nach dem Urteil der Leute über seine Person. Das ist keine Neugier (nach dem Motto „wie komme ich bei den Leuten an?"), sondern Einleitung zu einer entscheidenden Belehrung. Die Jünger nennen die Namen des Täufers, den *Elija*[28] und andere Propheten – wie schon zwei Kapitel früher (6,14-18). Die einfachen Dörfler aber hatten vermutlich weder Jesus noch den Täufer *live* erlebt, kannten beide nur vom Hörensagen. Die Zwölf, an die Jesus sich hier fragend wendet, sind aber anders als „die Leute" eine auserlesene Gruppe. Er hat sie ausgesucht, auf sie kommt es an. Wieviel verstehen sie von seiner Identität?

---

28 Nach Mal 3,23f soll der gleichnamige Prophet als Vorbote des „Tages des Herrn" wiederkommen und Gottes Strafgericht abwenden – man sieht, wie heiß die Messias-Hoffnung im einfachen Volk schwelte.

Nur Simon Petrus traut sich das *Messias*bekenntnis zu: "du bist der christus" *(kleingeschrieben!)*.[29]

Auf dem Weg von Galiläa nach Jerusalem, den Jesus wie viele Aufständischen und viele Messias-prätendenten geht, ist es eine Kernfrage, Lebens-frage, ob Jesus Messias ist und wenn ja, wie er sein König-(Messias-) tum versteht und lebt.

Es ist ein Jünger, der Jesus Messias nennt. Jesus selbst bezeichnet sich hier nicht und auch sonst nie als Messias, lässt aber das Bekenntnis gelten, schärft den Jüngern aber sogleich ein (im griechi-schen Wort *epitimān* schwingt ein drohender Ton mit), dass sie zu niemandem so von ihn sprechen sollten, er sei der Messias (v 10). Eine bewusste Selbst-Distanzierung von populärer Messiaserwar-tung und Erlösungs-Hoffnung. Das wird zentral auch für das Selbstverständnis der Jünger: sie sind keine Waffenbrüder.

Das Ziel *Jerusalem* aber galt in Israel als „Stadt unseres Gottes" (Ps 48,2), der Zion als Gottes Wohnsitz (Ps 76,3).

Daher glaubte man, Gott werde sie ewig bestehen lassen (Ps 48,9) und gegen ihre Feinde verteidigen (ähnlich denken manche Katholiken von Rom). Das Neue Testament respektiert diese Erwartung, vergeis-tigt jedoch das irdische, von Juden hochgeschätzte Jerusalem, macht es zu einer himmlischen Stadt (Sinnbild für das Leben vor und bei Gott, Stadt Gottes, Stätte der Seligen: vgl. Gal 4,26: „Das obere Jerusalem, unsere Mutter"; Hebr 11,10; 12,22; Joh Apk 21,9-22,5).

---

29 σὺ εἶ ὁ χριστός! Simon sprach aber wohl nicht grie-chisch, sondern (west-)-aramäisch מְשִׁיחָא, latinisiert Messi-as, hebr. מָשִׁיחַ, verbal. מָשַׁח salben (man salbte Könige u. Hohepriester), מָשׁוּחַ Part. Passiv.

Bei Mk geht es von Anfang an um den für Gott zu bahnenden Weg *(*hebr. *däräch JHWH),* wofür er gleich zu Beginn den *Jesaja*-Propheten aufruft (1,3). Hintergrund ist "der Weg" als Sammelbegriff für JHWH`s Weisungen, die für Israel *Leben*, statt Tod, bedeuten (Dtn 30,15.19). Jesu Weg wird als dieser Weg zu JHWH vorgestellt, in dem dieser selbst – JHWH also – den Weg für sein Kommen bahnt.

Die Zwölfapostellehre (urchristliche Gemeindeordnung) unterscheidet in der Folge den Weg des Lebens vom Weg des Todes (Did 1,1).

Hinzu kommt eine auffällige Parallele. Den gleichen Weg von Caesarea Philippi nach Jerusalem, den Jesus nimmt, wählt nach ihm (im Jahr 67, laut *Flavius Josephus*) das römische Heer unter *Vespasian; es* wird später Jerusalem zerstören und die Bevölkerung massakrieren. Mk aber schreibt sein Evangelium unter dem Horizont dieser Katastrophe. Das heißt, er sieht den Weg Jesu als Alternative, als Leben rettende Alternative zu Waffengang und Katastrophe. Das Johannes-Evangelium geht noch einen Schritt weiter: Jesus selbst ist „der Weg" (Joh 14,6). Der geographisch-historische Bezug tritt zurück vor dem Inhalt, der Weg-Weisung und ihrem göttlichen Ursprung.

Auch heutige Jünger, Christen, die Jesus auf seinem Weg nachfolgen, konfrontiert er - vielleicht nicht nur ein Mal - mit der Frage: Für wen halten mich die Leute? Darin schwingt mit die Unterfrage: Bist auch du eine(r) von „den Leuten"? Denkst du, redest wie die Leute? Oder bist du ein(e) Jünger(-in)? Oder hörst du dir das nur an, neutral, wie ein unentschlossener Kunde?

Das Angebot an Titeln und Etiketten für Jesus ist reich: „Sohn Gottes", „Herr", „Bruder" (*Buber*), „Helfer" (*Kierkegaard*), „Freund" (*Biser*), „Superstar" (*Lloyd-Webber*), oder "décadent" (*Nietzsche*), „Idiot" (*Dostojewskij*), „Narr" (*Litzenburger*), „Jesus der Mann" (*H.Wolff*), „*Psychotherapeut*" (*H.Wolff*) u.a.m. Wer Jesus einen Titel ´verpasst`, meint: davon hat er etwas – von einem Psychotherapeuten etwa, einem Narren, einem Bruder, Mit-Bruder (der Juden/der Armen). [30]

Wenn *Simon Petrus* sagt „du bist der *Messias*", nennt er nicht nur einen Titel. Er spricht aus der Situation seiner Lebenslage und seines Volkes, in der das Bekenntnis nichts anderes besagen kann als: Du bist der, auf den ich meine Existenz, all meine Hoffnung setze, ich kleiner jüdischer Fischer am Galiläischen Meer im 1. Jahrhundert! Du gibst meinem Leben Perspektive, einen Sinn! Aber nur. wenn ich bei dir bleibe, mit dir gehe, mein Leben ändere!

Petrus bekennt: „Du bist der Messias! [Christus!]". Jesus weist die Anrede nicht zurück, schärft aber, wie erwähnt, den Jüngern ein, ihn so vor niemandem zu nennen (v 30). Wir wissen, warum: andere zogen mit diesem Titel in den Krieg. „Messias" (Christus) bedeutete damals ein politisch-antirömisches Programm. Später verlor der Titel seinen Inhalt, wurde zum bloßen Zunamen Jesu.

---

30 Ein die obige Aufzählung ergänzendes Mosaik von Jesus-Aspekten und Jesus-Bildern bietet u. erläutert *U. Körner*, "zu früh starb jener Hebräer" (Regensburg 2003). Eine Kritik der Jesus-Bilder des 20. Jahrhunderts unternahm *R. Heiligenthal,* Der verfälschte Jesus (Darmstadt 1997)

Entscheidend ist: Es kommt nicht darauf an, dass jemand einen Titel (Christus, Sohn Gottes usw.) hersagen kann. Ein Mensch glaubt an Jesus erst dann, wenn er erkennt: da redet mich kein Toter an, sondern ein höchst Lebendiger, einer, der mich *an*spricht, mich aus göttlicher Tiefe *an*spricht, der genau *mich* meint, dessen Wort mich ins *Herz* trifft, der mich in seinen Kreis ruft.[31] Wer seinem Ruf folgt, sich seine Lebensform aneignet, weil sie auch seinem Leben Perspektive, Inhalt gibt; wer immer wieder seine Nähe sucht, sein Wort zu hören, aufzunehmen, sich von ihm schicken zu lassen zu Teilen und Füreinander-da-sein, zu heilen, was verwundet ist, zu heilen durch Wort und Tat, beizutragen, vor Ort eine - vielleicht nur kleine – Solidargemeinschaft zu bauen, in der man selbst und die Mitmenschen aufatmen, weil sie sich an- und aufgenommen wissen.

So verstanden, bekommen Jesu Frage und das Bekenntnis des *Petrus* eine andere Tiefe. Sie sind das Gegenstück zu dem modern-postmodernen Individualisten, der als voll trainierter *self-mademan* andere von sich fernhält mit dem Bekenntnis: er habe „alles im Griff", bei ihm sei „alles im grünen Bereich ", er „brauche nichts und gebe nichts".

Aber gleich im nächsten Abschnitt muss *Petrus* eine so schwere Rüge einstecken, dass ihm jedes weitere Wort im Hals stecken bleibt. Das schöne Bekenntnis „Messias" hilft ihm auf einmal nicht mehr. Er wird hart darauf gestoßen, dass er noch lange in die Schule dieses Jesus gehen muss.

---

31 Das wird deutlich in der Fassung des Textes bei *Matthäus,* 16,17: Das Petrus-Bekenntnis hat seine Wurzel nicht in "Fleisch und Blut", sondern beim "Vater".

Umdenken, Mitdenken ist gefragt, für damalige wie heutige Jünger. Darum geht es in der Jünger-Belehrung. Ihnen wird unmissverständlich gesagt, dass Jesu *Weg* in Leiden führt, in Ablehnung und Verwerfung durch die religiösen Autoritäten, in den Tod. Freilich ist im Nachsatz auch von Jesu Auferstehung die Rede (8,31 Par). Doch diese Ankündigung verblasst, wird wohl auch nicht verstanden. Aber tief ins Herz schneidet die Aussicht, Jesus werde verworfen und Leiden, ja Tod ausgesetzt.

Jesus der Mensch (Menschen-Sohn)

Man beachte: Das angekündigte Leiden soll nicht den "Messias" treffen (der Ausdruck fällt gar nicht), sondern den „Menschensohn".
Über diesen Ausdruck wurde viel Tinte vergossen. Vermutlich liegt es daran, dass es sich in der Übersetzung, ob griechisch, lateinisch oder deutsch, um eine ungewohnte und ungebräuchliche Wortbildung handelt. während der Ausdruck im Semitischen unauffällig-gewöhnlich ist.
"Menschensohn" ist wörtliche Übersetzung des hebräischen Ausdrucks *ben-adam*. „adam" heißt als Kollektiv-Begriff Mensch/Menschheit, und *ben-adam* ist schlicht einer davon, ein Mensch.[32] An dem schlichten Sinn ändert sich auch nichts, wenn man sieht, dass Jesus diese Selbstbezeichnung bis zum Schluss durchhält, als der Hohepriester beim Verhör ihn fragt, ob er der Messias sei, Jesus bejaht („ich bin`s"), aber umschwenkt und fortfährt, vom "Menschensohn" zu sprechen, den man „zur Rechten der Macht sitzend und kommend auf den Wolken des Himmels" sehen werde (Mk 14,61f).
Er zitiert hier aus einer bekannten Vision im Buch *Daniel*. Das Buch wurde einmal verfasst gegen die *Seleukiden*-Herrschaft, die versuchte, dem Judentum mit Gewalt den *Zeus*-Kult aufzuzwingen und jüdische Glaubenspraxis zu verbieten. Im Buch schaut ein Seher zurück auf bildhaft vorgeführte brutale, raubtierartige Supermächte, Monster-Mächte, die das kleine Volk unterdrückten und

---

32 Ähnlich ist *ben-Jisrael* ein Israelit, genealogisch natürlich ein "Sohn Israels". Das Vor-Wort "ben" wird dann gesetzt, wenn ein Individuum statt des Kollektivs gemeint ist.

seiner Identität berauben wollten: Assyrien, Babylonien, Persien, schließlich das makedonische Seleukidenreich. Dann schaut der Seher die Zukunft: sie naht auf den Wolken des Himmels in Gestalt eines (Mit-) Menschen, wörtlich „wie ein Mensch" (aramäisch k^e bar enoš), also endlich einer wie ein Mensch (personifizierte Humanität), er gelangt vor den Thron des „Hochbetagten", wo ihm Macht, Ehre und ewiges Königtum verliehen werden, sodass alle Völker ihm dienend zur Seite stehen (Dan 7,13f). Darin spricht sich Israels Hoffnung aus: dass statt der Raubtiermächte ein von Gott gesandtes, humanes Regime kommen werde, dessen Repräsentant ein Menschenantlitz trägt, statt eine Raubtierfratze.

Mit den Alternativen der Horror-Mächte setzte sich Jesus auseinander, als er in der Wüste „mit wilden Tieren" war, die ihn zu ihrer Art Karriere verlockten.

Nackte Gewalt, rücksichtslose Vernichtung und Ausbeutung der Schwächeren ist offensichtlich eine Versuchung, die Menschen anziehen und wie ein Allmachts-Rausch aufsaugen kann.

Man erlebte es in unseren Jahren, wo Tag für Tag Dutzende, Hunderte junger Männer, auch Frauen aus allen Ländern und Erdteilen anreisten, um sich der Armee des sog. Kalifats anzuschließen. Überlebende Opfer ihrer Massaker und Vertreibungen hatten für die Gewalttäter nur eine Aussage: „Das sind keine Menschen!"

Weil Jesus sich der Versuchung stellte – ein Machtmensch zu werden – , sie aber von sich wies, wählte er eine Selbstbezeichnung, die positiv ´vorbelastet` war, die niemand mit Aufwiegelung und

Terror zusammenbringen konnte. Gewalt und Ausbeutung sollen daher auch für die Jünger keine Option sein.

Zunächst: Auch Jesus wurde versucht „in allem, wie wir" (betont Hebr 4,15; 2,18). Auch er war ja vorab ein "Adam", ein Natur-Mensch, für die Ich-Sucht anfällig, für Karriere auf Kosten anderer. Auch er musste, wie einst David, konfrontiert werden mit dem Retter-Willen des „Vaters", musste gewonnen werden, von Gott quasi ´herumgekriegt` werden, damit er seine Gottesgaben „nicht wie einen Raub" - so wie Raubtiere mit ihrer Beute gegen Konkurrenten verfahren - an sich presse und für sich allein nutze (Phil 2,6), so auch dafür, anstelle von Blutvergießen für die Befreiung Israels und von Machthunger an der Spitze einer todesverachtenden Truppe, die Option zu wählen, lieber Gewalt zu erleiden als zu tun.

Warum "musste" der "Menschensohn" sterben?

Ein weiteres Problem: Jesus schockiert seine Schüler mit der Ankündigung, er werde „vieles leiden" „verworfen werden" von den religiösen Autoritäten und „getötet werden *müssen".*

Schwierigkeiten bereitet vielen der Ausdruck, das alles „müsse" geschehen. Im griechischen Text steht für „muss" ein unpersönlicher (wie für die altgriechische Tragödie typisch) Ausdruck „*deî*", auf Deutsch „es muss sein, ist notwendig". Über diesem Wort schwebt die Vorstellung von unaufhaltsamer Notwendigkeit: vom Schicksal bestimmt!

So sagt etwa im Alexanderroman (3.Jh.) das Orakel, *Alexander* muss (*deî*) in Babylon sterben.

Manche Theologen, vom griechischen Text ausgehend, meinen, der Gläubige habe sich damit abzufinden, dass Gott seine Pläne habe, die er souverän mit unabänderlichem Willen durchsetze. Aber das ist kaum mehr als christlich etikettierter Schicksalsglaube. In der griechisch übersetzten Bibel (AT,NT) wird in der Tat mehrmals so formuliert, wird von Schrecknissen der Endzeit gesagt „es muss werden/geschehen" (*deî genésthai* - Mk 13,7). Doch kennt die *hebräische* Sprache keinen entsprechenden Ausdruck, der Gedanke schicksalhafter Notwendigkeit ist ihrer Denkweise fremd.

Im Daniel-Buch spricht *Daniel* zu König *Nebukanezzar*. „Es gibt im Himmel einen Gott, der Geheimnisse offenbart" und den König wissen lässt (aus *Daniels* Mund), „was am Ende der Tage geschehen wird" (Dan 2,28f).

Die griechisch übersetzte Bibel (LXX) übersetzt „was geschehen *muss*", indes die ursprachliche Bibel nur zwei Mal sagt: „was geschehen *wird*".[33]

Manche zweifeln, ob das einen Unterschied macht. Überlegen wir genauer: Wenn es mir gegeben ist, ein Ereignis der nahen Zukunft zu schauen, ist es ein Unterschied, ob ich einfach sehe, was kommt, sich abzeichnet, was werden *wird*, oder ob ich denke, es *müsse* so kommen. Vielleicht schaue ich ein kommendes Ereignis (z.B. einen Wetterumschwung, Krieg), aber das *Müssen* schaue ich nicht.[34] Dass etwas so kommen „müsse", ist Sprechweise eines Orakels (hier übernimmt ein Gott die Gewähr für die Richtigkeit der Vorhersage, wobei offen bleibt, woher er das Zukünftige weiß, ob er es etwa selbst heraufführt). Man könnte sagen: Nachdem dies und das geschehen ist, konnte es nur so kommen (es gab nur diese Möglichkeit). Nicht selten kommt es auch anders, als man vorhersieht.

Wir geraten hier in das Terrain der Wissenschaftstheorie und des Problems der Tragfähigkeit von Schlüssen auf die Zukunft. Ein spezielles Thema sind Wahrscheinlichkeitsschlüsse. Da die geschichtliche, von Menschen gestaltete und erlittene Welt stark komplex ist, hängt die Wahrscheinlichkeit, dass eine Voraussage eintrifft, ab von Art und Anzahl der wirkmächtigen Faktoren, die man zugrundelegt.

---

33 Die Septuaginta, das griechische AT übersetzt ἃ δεῖ γενέσθαι; aramäisch aber מָה דִי לֶהֱוֵא.

34 Nicht ganz zu Unrecht meinte der Philosoph *D. Hume*: "Ein Ereignis folgt dem anderen, doch können wir nie irgendein Band zwischen ihnen beobachten": Enquiry concerning human understanding Sect. VII, II (von 1748)

Man kann Jesu Ankündigung geschichtlich, politisch und zugleich psychologisch interpretieren, wie schon früher angedeutet, und das "muss" aus dem politisch-militärischen Druck der Römer, der Angst der Ratsmitglieder, der Empörung der Schriftgelehrten und Pharisäer über die in ihren Augen heterodoxe und anmaßende Auslegung der Tora durch Jesus.

Andere meinen, im Falle Jesu gehe es um Vorhersagen, die *Gott* betreffen - Vorhersagen über Gottes zukünftiges Handeln. Es gebe ja zu allen Zeiten Seher und Propheten, denen es Gott gibt, einen Blick in die Zukunft zu tun - einen Blick in jene Zukunft, die Gott selbst herbeiführen wird. Hier habe er Jesus erlaubt, einen Blick in die Zukunft zu tun.

Doch ist hier Nüchternheit angebracht. Ob erwachsene oder kindliche "Seher" - es geht bei Vorhersagen häufig um ein weltanschauliches "2 x 2": der Zustand der Welt ist schlecht, die Leiden der Menschen riesig, die Schuld so vieler Übeltäter "schreit zum Himmel" - da Gott gerecht ist und ein gerechter Richter, wird er früher oder später eingreifen und dem Unrecht ein Ende machen. Die Prognose bedient sich also *analytisch* der Wesensart Gottes und setzt sie in die nähere Zukunft ein: Da Gott gerecht ist, könne er nicht anders, als seiner Wesensart gemäß den schlimmen Zustand in Bälde zu beenden.

Es ist ein *nicht geschauter* Zusatz, aber eine Zutat aus vermeintlichem Vor-Wissen um Gott, zu glauben, das, was geschieht, sei so *verhängt*!

Doch redet die hebräische Bibel nur davon, was kommen *wird*, nicht davon, was kommen muss. Die Unterscheidung ist nicht jedem leicht einsichtig, aber wichtig für das Gottesbild: ob ich an einen Gott glaube, der wie ein unsichtbarer Oberkommandierender seine

Strategie und Pläne durchdrückt, jede Eigenart, jeden Widerstand platt macht und ahnungslose Menschen vorführt (wie z.B. der Gott *Apollon* den *Ödipus* bei *Sophokles* in die Katastrophe führt), oder ob ich einem Gott vertraue, der die Freiheit der Menschen liebt, als unverletzlich respektiert, der seine Pläne *mit* den Menschen macht, statt ohne sie. So findet man geschichtliche Vorhersagen nur am Rand der Bibel, in der sog. apokalyptischen Literatur. Für die biblische Gotteserfahrung zählt, dass Gott das freie Tun von Menschen achtet (er hat sie als Freie gewollt und geschaffen), doch ihr Planen, ihr Tun und das Ergebnis ihres Tuns auf wundersame Weise in seinen Heils-Willen einbezieht. Daher sagt der in Ägypten arrivierte *Josef* am Ende zu seinen mörderisch eifersüchtigen, aber hungrigen Brüdern: "Ihr habt Böses gegen mich geplant, doch Gott hat`s umgeplant zum Guten" (Gen 50,20). Das Böse habt *ihr* getan, die gute Wendung kommt von *Gott*. Eine Erkenntnis über Gottes Art, die auch Josef erst am Ende langer Jahre gewinnt. Hier stimmt auch der Apostel zu: "Wir wissen, dass Gott für die, die ihn lieben, alles zum Guten führt" (Röm 8,28) - und dass dieses Gute in der Gabe seines Sohnes gipfelt.

Bemerkenswert: in der 2. (Mk 9,31) und 3. Leidens-ankündigung (10,32ff) lässt Mk das „muss" weg, formuliert im Futur: „das, was ihm zustoßen *wird*".[35] Gegenüber allem sogenannten Leiden-"Müssen" Jesu zeigt *Gethsemane* seine Freiheit: „*Abba*, lass diesen Kelch vorübergehen fort von mir, doch nicht sei, was ich möchte (*thélō*), sondern was du" (Mk 14,36).[36]

[35] "τὰ μέλλοντα αὐτῷ συμβαίνειν": Mk 10,32
[36] Das griechische Wort θέλω meint *ich will* i.S.v. mögen:

Jesus hätte, wie erwähnt, nicht sterben müssen, hätte sich retten können: durch Flucht aus dem Garten oder durch Verleugnung seiner Sendung vor dem Hohen Rat; und Pilatus, ein Judenverächter, für Bestechung empfänglich, hätte es genossen, den Juden eins auszuwischen, indem er Jesus am Leben ließ.

Darum betont in jeder Eucharistiefeier der Zelebrant von Jesus: „der sich aus *freiem* Willen dem Leiden unterwarf".
Geht man davon aus, dass Jesus, gerade auf dem Weg ins Leiden, ganz Mensch, d.h. "wahrer Mensch" war, fragt es sich, wie seine Leidensankündigung aufzufassen ist. Sicherlich hatte er, zumal in Jerusalem, an vielen Anzeichen und Vorfällen, an Auftreten und Argumentationsweise der Gegner gesehen und gefühlt, was sich zusammenbraute, dass er unter ihrer sich verdichtenden Feindschaft zusehends in Lebensgefahr geriet. Er musste auch wissen, dass die argwöhnische Präsenz der römischen Besatzer eine zusätzliche Gefahr für ihn bedeutete. Er muss erkannt haben - es wurde ihm wohl auch zugetragen -, dass die im Hohen Rat versammelten Hohepriester, Ältesten und Schriftgelehrten sich gegen ihn entschieden und den Beschluss gefasst hatten, ihn "unschädlich" zu machen. Dies zu erkennen genügte normale menschliche Voraussicht. Insoweit ist Jesu Leidensankündigung ein Stück normaler *menschlicher* Vorhersehung.

ich möchte gern, ebenso das Hauptwort θέλημα, das im Vaterunser in der Bitte steht „dein Wille geschehe!" Das griechische Wort entspricht verbal dem hebräischen רצה oder חפץ, nominal רָצוֹן oder חֵפֶץ.

Doch nicht nur deshalb setzt Mk Jesu Leidensankündigung in Nachbarschaft zu Petrus` Messias-
bekenntnis.

Dass es nicht einfach um Historie geht, zeigt der
Verweis auf Jesu Auferstehung "nach drei Tagen".
Dazu gehört die *Drei*-Zahl der Leidensankündi-
gungen Jesu (Mk 8,31ff; 9,31 Par; 10,33f). *Drei* ist
eine alte Symbol-Zahl für das *Ganze*, Umfassende,
für den Himmel (während die Vier die Zahl der Erde
ist). Im AT ist der 3. Tag der Tag, an dem Gott tätig
wird und den Gerechten rettet (Jona 2,1). Die 3
Tage sind also eine Anspielung: Am 3. Tag steigt
Mose zum Berg auf, der Herr kommt in Hörnerschall
und Weihrauch am 3. Tag herab, um die Tora zu
verkünden.

So formuliert auch der Nordreich-Prophet *Hosea*
den Trost für das untreue Volk, wenn es zu seinem
Bundesherrn umkehrt: am 3. Tag *lässt er* uns
auf(er)stehen und wir leben vor Seinem Antlitz.
Griechische Bibel: "am 3. Tag *werden wir* auferstehen und leben vor ihm" (6,1). Wie Jona nach 3
Tagen aus dem Bauch des Fisches befreit wurde,
empfängt - so ein Jesuswort (Mt 12,40) - das Volk
nach Zusammenbruch und Tod als einziges
„Zeichen" das Zeichen des Jona[37]

Der Gerechte ist aber nach biblischer Erfahrung
stets bedroht von Frevlern (Gottlosen), die ihn töten
wollen (Ps 37,32; 54,5; 86,14 u.a.; vgl. Wsh 2,12-
23). Zur bevorstehenden Tötung des von Gott
gesandten Sohnes gehört in diesem Kontext das

---

37 Gott erweckt dem Volk am 3. Tag einen neuen König zu
neuem Bund – Anspielung auf den 3. Tag des Fests des
Neuen Bundes: Erstehung u. Präsentation des Adam-Königs
vor dem Volk - Rekonstruktion *H. Seifermann*, Der Kult
Israels

Gleichnis von den bösen Winzern, das mit Versen des 118. Psalms endet: "Der Stein, den die Bauleute verwarfen, ist zum Eckstein geworden. Der Herr hat das vollbracht" (vv 22-23).[38]

So erscheint die Auferstehung als Tat Gottes, der die Tötung des Gesandten hinnimmt, da er aus ihr eine Rettungstat machen kann, die den Toten an sich zieht und zugleich rechtfertigt und sein (JHWH`s) "Wollen durch seine Hand gelingen" lässt (Jes 53,10).

Jesu Leidensankündigung will daher zugleich betonen, dass das böse Geschehen, das ihn treffen wird, nicht einem willkürlichen Schicksal unterliegt, sondern gleichsam umklammert wird von Gottes Heils-Willen. Die Verwendung des Ausdrucks "muss" zielt also auf die fügende ´Hand` Gottes, der das, was durch boshafte Menschenhand geschieht, zum Guten, zum Heil hin wendet. "Muss" ist also ein - überspitzender - Ausdruck für die Erfahrung, die der Glaube mit dem Gott der Bibel gemacht hat.

Die dreimalige Leidens-Vorhersage Jesu enthält daher auch keinen indirekten Hinweis auf ein Vorauswissen der Jünger um Jesu Auferstehung. Vielmehr hatte Jesu Ende am Kreuz sie traurig und ratlos gemacht, ihre Schar war in Auflösung begriffen, weil man meinte, „auf`s falsche Pferd gesetzt zu haben", da Gott anscheinend auch ihn verflucht hatte (Dtn 21,23). Die Erfahrung "Der Gekreuzigte lebt" musste, um verkündet werden zu können, abgestützt werden durch sogenannte Schrift-Beweise, Die drei Leidensankündigungen im Munde Jesu, zumal die darin enthaltene Ansage

---

38 Zur Auslegung: *Pesch*, Urgemeinde, 108-112; *Gnilka*, Markus II, 14-18; *Theißen*, Religion, 202ff; *Ratzinger/ Benedikt*, Jesus I, 382f

seiner Auferstehung nach drei Tagen spiegeln die vertiefte Einsicht der Jünger und der frühen Kirche.

Warum musste Jesus "leiden" ?

Jesus kündigt mehrmals an, er müsse „viel(es) (er)leiden".

Seit dem Spätmittelalter sammelt sich die Frömmigkeit in Andacht, Gebet und Kunst auf den „Schmerzensmann", auf „deines Todes Schmerzen, da du`s so gut gemeint".

Das hat sein Recht, ist aber Nebenaspekt dessen, um was es hier geht. Die Formel "viel leiden" ist eine Kurzfassung des 4. Gottesknechts-Liedes: „Er trug (*nasᵓa*) unsere Krankheiten und lud unsere Schmerzen sich auf (*sabal*)" (Jes 53,4. vgl. 11.12c). In v 12 heißt es: "er trug die Verfehlungen vieler".

Was ist betreffs Jesus gemeint? Wohl primär dies: Jesus ließ die Gewissensnöte, Herzens-Nöte vieler Menschen (recht-sein-wollen und nicht können) sich angehen, nahm sie sich zu Herzen, half ihnen unter Berufung auf JHWH (Gott) als „Vater". Schon vor der 1. Leidensankündigung gibt es etliche Zusammenstöße, als Jesus mit Zöllnern und Sündern Mahl hält (2,15ff), am Sabbat heilt, sich bzw. den Menschen zum Herrn über das Sabbat-Gesetz erklärt (3,2ff), darum von Gesetzes-Frommen des Bundes mit *Beelzebul* bezichtigt (3,22), seine Weisheit im Heimatort abgelehnt wird (6,3), er die Unterscheidung von rein-unrein (dem Reinheits-Gesetz zuwider) von außen nach innen, ins Herz, verlegt (7,2ff), aber ein Beglaubigungszeichen für seine Sendungs-Vollmacht verweigert (8,11ff). Hinzukommt: Jesus heilt einen Gelähmten und vergibt ihm zugleich mit der Heilung die Sünden: das werten anwesende Schriftgelehrte als Gotteslästerung (Mk 2,5ff).

All diese Schwachen, Behinderten, Sünder „trägt"
Jesus, erleidet Ablehnung, Kritik, ja Entrüstung,
erleidet vieles, weil er mit vielen Leidgeprüften ihre
vielen Leiden mit-leidet und sich auflädt, auch wo es
auf Kosten einer Gesetzesvorschrift geht. So kommt
es vor, dass er *propter Deum contra Deum* (*for
God`s sake contrary to God*) handelt. Seine Eigen-
art war für die jüdischen Autoritäten Grund genug,
Jesus und seinen Anspruch zu verwerfen, und ist
bis heute für viele Juden ein Kriterium, Jesus die
Messias-Würde abzusprechen:

"Als König Israels, der Israel vom römischen Joch
befreien, die frühere Pracht wiederherstellen sollte,
konnte Jesus nur enttäuscht haben. In der Welt hatte
sich nach ihm nichts geändert, kein Friedensreich war
entstanden. Als Heiland, der stellvertretend Sünden
vergibt und nach Paulus die Tora ersetzt, konnte er für
gesetzestreue Juden nur ein Ärgernis sein. Weder als
König Israels noch als Heiland … konnte er daher für
Juden als Messias gelten. Er kann ...nur als Messias
der Christen gelten."[39]

---

39 So der Rabbiner *Nathan P. Levinson,* Der Messias (Stuttgart
1994), 42

Petrus - ein Satan ?

- „Ganz offen", heißt es, habe Jesus (laut LÜ) „das Wort" (*tòn lógon*) gesprochen (EÜ: „er redete ganz offen darüber". *Lógos*, hebr. *dabar* ist Bundesrede, Vollmachts-Rede, Botschaft, nicht nur, wie Übersetzer anscheinend meinen, eine Information *ad hoc*. Hier redet Jesus in der Rolle des Knechtes im Dienste seines Herrn und lässt die Mitknechte teilhaben an seinem Auftrag.

Da knöpft ihn *Petrus* sich vor und setzt ihm zu, schimpft ihn aus (genau übersetzt).

Petrus redet Jesus nicht bloß gut zu, wie man meinen könnte: ´bloß nicht! Gott bewahre! *Oder*: Du hast`s doch in der Hand! Wehr` dich dagegen, wir stehen dir bei!`

Petrus ist, wie vermutlich auch die anderen Jünger, Aktionist, setzt auf Aktion, auf Taten, vielleicht Aufstand (wenn nötig), er will, dass mit diesem Führer Israel neu ersteht, sieht dafür – in seinem Horizont – die einmalige Chance. In seinen Augen ist Jesus ein Hochbegabter, geradezu gemacht, wie von Gott geschickt für gerade diese Aufgabe! Der darf sich doch nicht einfach ergeben, nicht sehenden Auges in sein Unglück gehen! Spinnt der – oder was?

Jesus reagiert, wendet sich aus gutem Grund auch den anderen Jüngern zu, schimpft nun seinerseits mit *Petrus*: Weg! Hinter mich!

Das bedeutet nicht „Geh mir aus den Augen!" (alte EÜ), sondern: Dein Platz ist nicht neben mir, noch vor mir, du bist ein Lernender, ein Schüler (Schüler gehen *hinter* dem Rabbi her), du hast nicht zu sagen, sondern zu lernen, nämlich *den Weg* lernen mitzugehen!

Satan! Die Anrede wird verständlich, wenn in Auftritt und Vorwurf des Petrus für Jesus die Versuchung in der Wüste wieder lebendig wird und vor ihn tritt: Sorge doch für dich selbst! ("*Jesus first!*") Darum heißt es bei Mt: "Du bist für mich eine Falle" (*skándalon*: 16,23). Die Versuchung, statt des ihm als Gottes Knecht aufgetragenen Weges einen eigenen Weg zu nehmen, den „Vater" einem persönlichen Ziel oder Ehrgeiz zu opfern – eine eigene Karriere anzustreben. Das Schimpfwort „Satan" kommt aus tiefster Seele, zeigt, wie erschüttert Jesus ist: *Petrus* hat den wunden Punkt getroffen. Denn *Petrus* ist ja auch in Jesus selbst, ist der andere Wille, der sich gegen Gott sträubende Wille! Zugleich wird klar: *Petrus* hat noch alles zu lernen, noch nichts begriffen. Sein Christus-Bekenntnis ist noch "Fleisch", nicht "Geist". Das liegt daran, dass in *Petrus* sich zuvor alles auf-gebäumt hat gegen das, was Jesus da in Aussicht stellt. In ihm ist nur Petrus, noch *kein Jesus in ihm*.

Wie es um *Petrus* und Jünger bestellt ist, verdeut-licht Mk, indem er Jesu 2. Leidensankündigung einen Rangstreit der Jünger folgen lässt darüber, wer der Größte oder Erste von ihnen sei (Mk 9,34f) und Jesus sie belehrt, der Letzte und Diener aller sei der Größte.

Petrus ist Prototyp des Christen in seiner natürlich-spontanen Reaktion: Was?! Er soll diesen Weg mitgehen, ihn gar gutheißen? Aber das ist doch gar kein Weg! Das ist doch das Ende des Weges, jedes Weges!

Aber so zu denken – hält Jesus ihm vor – heißt nach Art der Menschen denken, nicht die Art Gottes suchen.

Doch *Petrus* ist schlicht überfordert, wie wir alle -
man weiß es aus Selbstprüfung (Petrus in uns!).
Deshalb setzt Jesus anschließend die Belehrung
der Jünger fort, wobei er nun die wartende
Volksmenge (*óchlos*) hinzunimmt, das sonstige
Publikum.

Nachfolge und der Wille Gottes

Das sind Interessierte, vielleicht Neugierige, jeden-
falls religiös ansprechbare Leute. Ist die politische
Lage bedrückend, die wirtschaftliche Lage zum
Verzweifeln, wenden sich die Menschen verstärkt
dem Himmel zu, wie ihn der alte Glaube überliefert,
bereit, ihn ernsthaft zu leben, wenigstens zu prüfen.
So war die Art jener Zeit.

Jesus wendet sich nun an Menschen über den
Zwölferkreis (Israel!) hinaus, eine unbestimmte An-
zahl von Menschen. Damit redet er - ein indirekter
Hinweis - offenbar nicht nur zu Israel, vielmehr wird
hinter der undefinierbaren Menge der offene
Horizont der Völker sichtbar.

Wörtlich beginnt die Rede: „Wer hinter mir (nach)-
folgen möchte, der soll sich selbst verleugnen". Im
Klartext: „Wer Christ werden möchte, soll sich selbst
absagen".

Damit wird kein asketisches Ausleseprinzip formuliert, wie man häufig dachte und denkt: so als wäre
jede Regung des eigenen Willens, eigenen Stre-
bens verkehrt, gefährlich, Gott feindlich, zuletzt
sündhaft. Es geht ja um eine Belehrung im Anschluss an die Szene mit *Petrus*, der dem von
Jesus angesagten Weg sorgenvoll, mit kaum
bewusster Angst vor Gott widerstrebt.

Sich selbst verleugnen, sich selbst absagen ist also
kein Spezialbegriff der Aszetik, sondern Komple-
mentärbegriff zu *nachfolgen*. Wer Jesus lernend
nachfolgen, wer in seine Schule gehen möchte (gr.
thélei), muss lernen, seinen um sich kreisenden
Willen (*théläma*) und seinen zu engen, begrenzten
Ich-Horizont von sich weg auf Jesus und durch ihn
auf Gott zu richten, der ihn in Dienst nimmt.

Gottes Weg, Gottes Horizont ist ein langer Lernprozess.

Etliche Theologen folgern aus der *Petrus*-Schelte - dem Jesus vorhält, sein Denken sei nicht auf die Sache Gottes, sondern auf die Sache der Menschen gestimmt -,dass Gottes Wille in völligem, ja *absolutem* Gegensatz stehe zum Planen und Willen von Menschen. Eben dies sei von *Petrus* und anderen Jüngern bzw. Christen zu lernen. *Petrus* irrt, da er wie selbstverständlich unterstellt, Gott hänge wie er selbst am Leben und fürchte den Tod bzw. ziehe sich vor ihm zurück. Das Risiko der Theo*logie* liegt ja seit jeher darin, Gott unter den *Logos*, d.h. unter Verstand und Logik der Menschen beugen zu wollen. Das passiert aber nicht bloß *Petrus*, es geschieht auch, wenn man nun umgekehrt folgert, Gottes Wege führten *per se* zum Tod und durch den Tod hindurch, indes die Vitalität von Menschen am biologischen Leben hänge. Der moderne Mensch ist ja geneigt, in jedem Wort und Vorkommnis eine Gesetzmäßigkeit zu entdecken, um dann mit Hilfe des gefundenen Gesetzes ein Problem berechnen und handhaben zu können. Ohne es sich recht klarzumachen, möchte er auch ein Verfügungswissen über Gott gewinnen. Aus dem Irrtum des *Petrus*, der sein und Jesu vitales Leben vorzieht, und der Fortsetzung des Weges, der zum Tod am Kreuz führt, entnimmt man gern eine Dialektik Leben - Tod und meint, ihr liege zugrunde die Dialektik Mensch - Gott. Daraus möchte man weiter schließen, Jesu Weg zum Tod am Kreuz bilde ein "Wesensgesetz" für Christsein und Nachfolge. Offen oder implizit stützt man diese Logik philosophisch ab, indem man - bibelfremd - Gottes *unendliche* Entfernung vom *endlichen* Menschen betont und daraus den Schluss zieht, Gott denke stets "ganz anders" als der Mensch (wobei man womöglich einen *relativen* Gegensatz mit einem *absoluten* Gegensatz verwechselt). Gott kann im konkreten Fall anders denken als Menschen, *muss* es aber nicht. Dass Gottes Denken von dem des Menschen *absolut* verschieden sei, wäre, bei aller Ehrfurcht, wieder jenes Denken im Menschen-Maßstab, das Jesus bei *Petrus* kritisiert. Der Gottes-Horizont der Bibel ist die *Geschichte*, nicht das metaphysische Absolute, ist mit der Geschichte aber der oder das *Nächste*.[40]

Was unter generalisierendem Aspekt näherungsweise gesagt werden kann (ohne dies wieder gesetzmäßig zu verstehen), ist die Beobachtung, dass Gott, weil "der schlechthin Unabhängige und Unableitbare", mit seinem unbestimmbar wehenden Geist Menschen "überrascht".[41]

Das Hineindenken in Gott nach allzu menschlicher Logik ist jedoch recht verbreitet. Man betont etwa: Wer sich im Glauben Gottes Wille und Sendung unterstellen will, müsse es blind tun, auf alles Eigene, eigene Wünsche, Ziele usw. verzichten. Sie seien *per se* nichtig in den Augen Gottes. Am Eigenwillen festhalten sei gleichbedeutend mit Selbst-Verschließung, letztlich Sünde. Gott wolle vom Menschen, der Christus nachfolgen will, ein „absolutes" Ja. Mündig sei jemand, der im Geist Jesu verstanden habe, „dass er seinen ganzen Plan aufzugeben hat zugunsten des Planes Gottes", weil er sich einer „absoluten Verfügbarkeit" durch IHN zu öffnen habe.[42] Diese Folgerung wird aus biblischen Hinweisen abgeleitet, dass z.B. Gottes Denken nicht Menschen-Denken sei, sondern

40 *M. Müller.* Metaphysik und Geschichte, in: Erfahrung und Geschichte (Freiburg/Br. 1971), 68f
41 *E. Przywara,* Theologie der Exerzitien II (Freiburg(Br. 1939), 140
42 *Balthasar*, Wer ist ein Christ?, 91. 114

himmelhoch über ihm stehe (Jes 55,8f), dass Gottes Heilstat von keinem Menschen zuvor erahnt oder in Menschenherzen ausgedacht werden konnte (Jes 64,3; 1Kor 2,9). *Paulus* fügt aber hinzu, Gott habe das Ungeahnte "uns durch den Geist enthüllt" (v 10). Doch haben diese Aussagen geschichtlich-situativen Sinn. Der *Jesaja*-Prophet will den verzagenden Glaubensgenossen im Exil Mut machen (Jes 49,14) und *Paulus* geht es entsprechend um Glaubenshilfe für jene Christen in Korinth, die sich schwertun, gegen die Weltmeinung an Gottes Heils-Willen zu glauben, der sich - unglaublicherweise! - in einem *Gekreuzigten* kundtut.

Man kann nicht leugnen, dass einige große Christinnen und Christen eine Gottes- bzw. Berufungserfahrung machten, die ihr bisheriges Planen umstürzte. So schon *Paulus*, der aus einem glühenden Christenhasser und Verteidiger des Väter-Glaubens zum ersten Missionar für Christus wurde. Schon Jesus selbst, der (wenn man sein "wahres Menschsein" ernst nimmt) bei seiner Taufe gewiss nicht schon wusste, dass er seine Sendung durch seinen Tod hindurch erfüllen würde. Neuere Beispiele sind etwa *Klaus von Flüe*, *Charles de Foucauld*, *Edith Stein* oder *Mutter Teresa*. Auch viele Gläubige erkennen rückblickend, dass ihr Leben recht anders verlaufen ist, als sie es sich vorgestellt, gewünscht, in ihren Plänen ausgedacht hatten. Und nicht wenige stellen dann fest: Es war trotzdem gut so!

Es ist aber ratsam, diese Beispiele *nicht* zur allgemeinen Regel zu machen, als annulliere Gott quasi automatisch jegliches Sinnen und Trachten gläubiger Menschen und verwandle sie ins Gegenteil. Ein solche Gottesbild überfordert nicht nur die meisten Menschen und verrät ein elitäres und exklusives Konzept. Nicht zu Unrecht rührt sich daran Kritik: ein "absoluter" Glaubens-Gehorsam habe "einen vernichtenden Zug" (*Thomas Philipp*).

Was folgt aus alldem praktisch? Dass Gläubige, ob jung oder alt, solange sie leben, vor Gott durchaus Pläne machen dürfen, ja sollen – diese Fähigkeit ist ja auch eine Gabe des Schöpfers, der den Menschen, seinen Abbildern und Gleichbildern ein Stück Vorsehung, je eigene Vorsehung mit auf den Weg gab. Christen dürfen und sollen also ihr Leben planen und dafür eintreten, solange es möglich ist und weise. Unsere Lebenspläne und Vorhaben sind in vielen Fällen vermutlich angemessen, zumindest für einige Zeit. Wenn sie durchkreuzt werden, ist es nicht immer Gott, der es anders will, es können konkrete Umstände, unvorhersehbare Zwischenfälle sein, die sie nicht zulassen, es kann der je eigene Lauf der Dinge sein, es mögen andere Menschen mit anderen Plänen dazwischen kommen, auch politische oder wirtschaftliche Verwerfungen – oder auch eigene Beschränktheit und Inkonsequenz.

Petrus durfte und musste versuchen, Jesus vom angekündigten Leidensweg abzubringen – hätte er die Ankündigung kommentarlos hingenommen, müsste man urteilen, er habe Jesus nicht geliebt.
Dass Jesus so scharf reagierte, hatte mit ihm selbst zu tun: er war selbst mit diesem Thema, mit diesem Weg noch nicht ´durch`. Ebenso die frühchristliche Gemeinde, die hinter Mk steht: sie kann - zumal vor ihren jüdischen Gegnern - es noch kaum fassen, dass Jesu Leidensweg kein Unglück war, sondern Gottes Weg zu ihrem Heil.[43]
Die Alternative zu Gottes Wille ist nicht einfach Egoismus, auch wenn der sich öfters einmischen mag. Der für *Petrus*` Gefühl „unmögliche" Weg Jesu

---

43 Zu Details dieser Problematik s. z.B. *Theißen*, Religion, 200-211.

setzt das Trauen auf die Möglichkeiten Gottes voraus.

An einer späteren Stelle im Erzählfaden, als der reiche Mann Jesu Einladung, sich ihm anzuschließen, wegen seiner vielen Güter „traurig" ausschlägt, Jesus den Reichtum als riesiges Hindernis für die Nachfolge qualifiziert und damit seine Jünger erschreckt, beruhigt er sie mit dem Wort: „Für Menschen ist es unmöglich, aber für Gott ist alles möglich".[44]

Als Jesus die Pharisäer erinnert, die Scheidungserlaubnis entspreche nicht dem Willen des Schöpfers, aber die Jünger, der menschlichen Schwäche bewusst, zweifeln, ob die Ehe dann überhaupt zu leben, auszuhalten sei, betont er zwei Mal, Gottes Willen könnten nur diejenigen fassen, denen es *von Gott gegeben* ist.[45]

An dieser Klarstellung sieht man übrigens, wie problematisch die Methode ist, die eine kirchliche Pädagogik nicht selten einschlug: ErzieherInnen wollten den Eigenwillen „brechen", damit ein in seinem Eigenwillen „gebrochener" Mensch dem Willen Gottes nicht mehr widerstreben könne, verkannten aber dabei, dass hier auf menschlich-gewaltsamem Wege etwas erreicht werden sollte, was Gott vorbehalten ist (der „es gibt"). Diese (eigentlich *pelagianische*) Art Pädagogik tendierte dazu, Gottes freie Gabe (Gnade) überflüssig zu machen.

44 Mk 10,27 Par; vgl. Gen 18,14 (*Sara!*); Mk 14,36 (Gethsemane);
45 οἷς δέδοται, ὁ δυνάμενος χωρεῖν χωρείτω: Mt 19,11.12

Man kann aber nicht voraussetzen, der eigene Wille sei *per se* böse (er dient ja z.B. der Selbsterhaltung), was auch Jesus nicht tut: er sagt, was Menschen wollen, erreiche nicht die ´Dimension` und nicht die Möglichkeiten Gottes.

Der Ruf, sich selbst zu "verleugnen"

Das meist mit „sich selbst verleugnen" übersetzte griechische Wort *aparneîsthai* meint *sich verneinen, sich absagen.* Bedingt durch lange Erziehungsgewohnheit, schwingt in diesem Wort ein negativer, pejorativer Sinn mit. Aber Jesus lehrt nicht im Geist etwa der *Stoa* noch im Geist des *Buddha*, sondern semitisch im Geist und Wortschatz der Bibel; sein Vokabular ist zwar (*koiné-*) griechisch überliefert, die griechischen Vokabeln haben aber biblisch-semitischen Sinn. Das griechische Wort *aparneisthai* ist Übersetzung des semitischen Wortes: *ma'as* (מאס).
Gottes Wort tröstet Israel im Exil*:* „Mein Knecht bist du, ich habe dich erwählt, nicht *verworfen*[46]
(Jes 41,9).
Das *Gegenteil* von (er)wählen ist einfach *abwählen* bzw. nicht wählen.

Eine Wahl zwischen 2 oder mehr Möglichkeiten kann natürlich emotional aufgeladen werden, ich kann geladen, aufgebracht, verächtlich etwas *nicht* wählen („das doch nicht!" - „auf keinen Fall! Nie im Leben!"). Der *Grund*sinn ist für sachliche Erörterung immer vorzuziehen.

Hier geht es also um die Wahl des Jesus-Weges als *Alternative* (nicht schon Gegensatz) zu selbst entworfenen oder auch vom *mainstream* aufgedrängten Wegen..Wer Jesus folgen möchte, tritt mit ihm ein in den Dienst, zu dem er bei der Jordan-Taufe berufen wurde (auch bei der kirchlichen Taufe, bildhaft gesprochen, schwebt Gottes Geist

---

46 Hebr. Wortlaut: לֹא מְאַסְתִּיךָ

einer Taube ähnlich auf den Empfänger herab), tritt konkret in den Gottes-Dienst (des erneuerten) Israel, spirituell-praktisch zu Aufbau und Erneuerung der Solidargemeinschaft unter Menschen, zu der Israel – und ihm eingewurzelt (Röm 11,17) die Christengemeinde – durch den Gottesbund berufen ist. Der Schüler muss, wie Jesus, durch die Versuchungen in der Wüste hindurch und lernen, dem *Sog* zu widerstehen, sehr drängend zu jeder Zeit, zumal auch heutzutage. Der Sog bzw. Trend sagt: du musst die *Natur* – biblisch: *Baal* – als Gott, Herrn, Meister, als Maßstab anerkennen und ihre bzw. seine Gesetze, Regeln, Vorschriften als deine Tora annehmen!

Zwei der drei Versuchungen (Prüfungen) Jesu, wie von Mt und Lk überliefert, reizen die Allmachts-Phantasie von Menschen: Steine in Brot verwandeln, d.h über konkreten Bedarf (um z.B. den Hunger einer Menge von 5000/4000 Menschen zu stillen) hinaus nach Belieben und zum Selbstzweck dominierende Weltwirtschaftsmacht zu werden, sich alle Reiche der Welt einzuverleiben, also zum Imperialisten, zur unschlagbaren Weltmacht *à la Rom* zu werden. Hinzu kommt die Zumutung des Sturzes von der Tempel-Zinne, um dem Berufenen, wenn die Selbsterhaltungskräfte in ihm wach werden, vor Augen zu führen, wie lächerlich Gott-Vertrauen ist und wie unrealistisch das Leben als Gottes-Dienst: das könnte nur ein sinnloser Absturz werden! Man könnte sagen, bei dieser Suggestion Satans handle es sich um eine vorausschauende Karikatur des am Kreuz endenden Leidensweges (innerlich verwandt mit *Satans* Wette, *Ijob* werde, sobald er sein Besitztum verliert, vom Herrn abfallen: Hi 1,11).

Der Name *Satan* im Evangelium bezieht sich historisch, zur Zeit Jesu, zwar auf *Rom*; hinter dem Etikett Rom kommt aber, sich durchhaltend von Epoche zu Epoche, der kanaanäisch-biblische *Baal* zum Vorschein, Herr und Meister der Verläufe: die Natur als Herr und Meister des Menschen.

Es herrscht, wie vermerkt, zumal in den westlichen Gesellschaften ein starker Trend, die Natur zum alleinigen Maßstab zu machen; den Sieg der Starken über die Schwachen – häufige Regel in der außermenschlichen Natur, zwischen den Arten, auch innerhalb der Arten – zur Grundregel auch zwischenmenschlicher Begegnungen, auch zwischenstaatlicher Beziehungen zu machen, und das menschliche Individuum ökonomischen Erfordernissen effektiv anzupassen, beim Kleinkind etwa das früheste Auftreten erwünschter Reaktions- und Verhaltensmuster festzustellen, um seine frühestmögliche Anpassung und Einpassung in Lern- und Leistungsprozesse zu fördern (Kind-Förderung als neuer Begriff, statt Sozialisierung, Erziehung, Beheimatung), frühkindliche Lern-Förderung als ausreichend und wichtiger zu werten als die Sozialisation in der eigenen Familie. Natürlich soll ein Kind auf das Leben in der Welt der Erwachsenen vorbereitet werden - aber primär als Mensch, nicht primär als Wirtschaftsfaktor.

Im Konkreten ist dies eine mühsame Aufgabe der *Unterscheidung*. Auch wenn sie im Detail vielleicht nicht immer gut gelingt, ist es für christliche Menschenbildung wesentlich, an der *Grund*richtung festzuhalten. *Baal*, Synonym für die Natur, ist deshalb so mächtig, weil seine Impulse, Vorschriften, Gesetze in der Vital-Sphäre jedes Menschen beheimatet sind und weithin den Verstand (hebr. *bināh*) und sein Denken (hebr. *daᶜath*) beeinflussen, oft genug bestimmen. *Baal* verschmilzt gern mit dem „Ich".

Blaise Pascal charakterisiert das *Baal*-Ich so: "Das Ich ist hassenswert, weil es sich zum Zentrum von allem macht ... jedes Ich ist der Feind und möchte alle anderen tyrannisieren".[47]

Deshalb musste Jesus seine vom baalischen Denken abweichende und diesem oft zuwiderlaufende Botschaft einleiten mit dem Ruf, *umzudenken, neu zu denken*: *metanoeīte* = denkt um! Lasst euch ein auf ein neues Denken!

Absage an egozentrisches Begehren ist Bestandteil des Um- und Neudenkens. Denn *Baal* ist am Ende Lug und Trug. JHWH dagegen ist *Wahrheit* (hbr. *emet,* gr. *alétheia*), *Leben* (hbr. *chajjim,* gr. *zōé*)! Das AT betont es oft genug – gegen die ständigen Rückfälle in die Naturgläubigkeit.[48]
.

Auf die trügerische Naturgläubigkeit zielt auch das 2. Gebot:

Nicht trage den Namen JHWH deines Gottes auf das Nichtige![49] (Ex 20,7/Dtn 5,11).

šaw' (שָׁוְא) bedeutet Nichtiges, Eitles, Leeres mit dem Beiklang des Trügerischen und Enttäuschenden.

47 "Le moi est haïssable parce qu`il se fait centre de tout … chaque moi est l`ennemi et voudrait être le tyran de tous les autres" (*Pensées* fr. 455).

48 Der Beter in Ps 31 bekennt, er hasse die Verehrer der nichtigen Baale (הַבְלֵי־שָׁוְא), *v*gl. Jona 2,9; Jer 18,15; Hi 15,31

49 Hebr. Wortlaut: לֹא תִשָּׂא אֶת־שֵׁם־יְהוָה אֱלֹהֶיךָ לַשָּׁוְא

Dagegen betont Israels Glaube, JHWH`s Wort werde als *wahr / fest* befunden: 1Chr 17,23.[50]

---

50 Hebr. Wortlaut: יֵאָמֵן יְהוָה הַדָּבָר Nur vorsorglich sei betont: die biblische Ablehnung des Baal als Herrn der Natur ist nicht zu verwechseln mit Verneinung der Schöpfung, der der Mensch, im Gegenteil, nach Gen 1 + 2 Ehrfurcht und bewahrende Sorge entbieten soll.

Das Kreuz des Christen

Eine weitere Konkretisierung tritt hinzu: *wer nachfolgen will, möge aufheben, ergreifen sein Kreuz* (*aráto tòn stauròn autoū*)! Das Bildwort bringt den zum Tod Verurteilten vor den Blick: er war gewöhnlich gezwungen, sein Kreuz selber zur Richtstätte zu tragen, zog sich dabei Spott und Hohn zu. Das Kreuz galt als verschärfte Todesstrafe (*summum supplicium*), verhängt für Mord, Menschenraub, verderbliche Magie und natürlich für Aufruhr und Widerstand. Es ergibt sich aus der 1. Leidensankündigung, dass Jesus (mit ihm Mk und die Urgemeinde[51]) den Schüler, der lernend hinter Jesus gehen, ihm nachfolgen will, auf dieses ihn Jesus ähnlich machende Schicksal aufmerksam macht. Er muss wissen, dass ihm ein ähnliches Schicksal drohen *kann*, und soll diese Möglichkeit, diese Gefahr mutig, entschlossen angehen. Das Bild veranschaulicht: Bewerber fürs Christsein, wer immer Jesus nachfolgen will, sollen *jetzt schon*, ab sofort, ihr Kreuz aufnehmen, es den eigenen Weg tragen wie Verurteilte.

Das Kreuz aufnehmen enthält jedoch zudem das Signal: Ich bin keiner von den bewaffneten Kämpfern, kein Gewalttäter, vor den Augen der Welt akzeptiere ich im voraus Niederlage und Schmach.

Einen bedeutenden Unterschied macht das Jesuswort hier: der Jünger, Christ trage nicht das Kreuz Jesu (wie eine fromme Pietät will), er nehme *sein* Kreuz !

---

51 Vgl. die Aktion des Hohen Rates gegen *Petrus* und *Johannes*: Apg 4,1-22 ! Vgl. den namenlosen Jüngling, der Jesus bei seiner Gefangennahme nachfolgt, aber den Häschern entkommt: Mk 14,51 !

Die Unterscheidung zeigt: es geht um eine *Erfah-rungs*regel, so etwas wie statistische Wahrschein-lichkeitsregel, nicht um höhere (göttliche) ´Logik`.

Jedes Kreuz ist individuell, das Kreuzes-Schicksal ist individuell. Ein Christ, eine Christin erlebt die eigene Schande, Verspottung, Ohnmacht als Träger des Kreuzes in variabler Weise! Das Kreuz Jesu führte zum physischen Tod, das Kreuz eines Chris-ten vielleicht ´nur` zum sozialen Tod: er/sie wird belächelt, verspottet, verleumdet, aussortiert, ge-mobbt, zurückgesetzt. In den westlichen Gesell-schaften, die sich offiziell ihre Toleranz zugutehalten mit dem Anspruch, eine "Offene Gesellschaft" zu sein, ist der *soziale Tod* ein häufigeres Schicksal für bekennende Christen als der physische Tod.

Warum es dazu kommt? Weil die anderen spüren: überzeugte Christen sind unangepasst, ziehen nicht am selben Strang, teilen das *baal*ische Lebens-konzept nicht kritiklos, hinterfragen es kritisch.

Wie man aber weiß, gibt es in der Welt Regionen, wo Christen allein ihres Glaubens wegen benach-teiligt, verfolgt, vertrieben, getötet werden. So war es, mit wechselnder Intensität, oft in den ersten Jahrhunderten der Kirche. Für das Alte Rom war die formelle, zumindest objektive Verehrung der Staats-götter Pflicht, jedem Untertan abverlangt. Wer sich verweigerte, nicht einmal den äußeren Schein einhielt, galt automatisch als illoyal, des Aufruhrs verdächtig, schuldig. Ähnliche Automatismen gab es im 20. Jahrhundert in kommunistischen Staaten oder im NS-Regime. Das Kreuz des NS-Staats war das Fallbeil oder der Fleischerhaken, an dem der Verurteilte aufgehängt wurde.

Allerdings wurde das Lehrstück Mk 8 Par in der Alten Kirche auch *über*interpretiert als Anweisung für Märtyrer-Sehnsucht herangezogen. Bischof *Ignatius v Antiochien* (Anfang 2.Jh)*,* zum Tod verurteilt, schrieb der römischen Gemeinde, sie solle nichts zu seiner Rettung unternehmen, er wolle „zur Nahrung wilder Tiere werden, damit ich als reiner Bote Jesu Christi befunden werde". Unter den Verfolgungen durch die römischen Imperatoren entstand unter Christen zeitweise ein Wettstreit, Märtyrer zu werden. Todes-sehnsucht breitete sich aus wie eine Epidemie, sodass die Kirche von Amts wegen einschreiten musste.

Es gibt auch *Übertreibungen in Gegenrichtung*: fromme Christen werten jeden Schmerz, jede Enttäu-schung schon als „Kreuz"; manche Bischöfe, selbst Päpste sehen in jeder Kritik an ihrer Amtsführung das Kreuz Jesu auf sich zukommen. Hier verwechselt man Wehleidigkeit mit dem *persönlichen Kreuz*.

Natürlich muss man nicht jede fromme Anwandlung hinterfragen, zumal dann nicht, wenn eine schiefe Vorstellung („heute haben im Büro wieder alle auf mir herumgehackt, das ist halt das Kreuz, das ich tragen muss!") jemandem hilft, zu leben, das Leben auszu-halten.

Will man aber die Bibel methodisch auslegen, muss klar werden, was sie sagt, was nicht: nicht *Eisegese,* sondern *Exegese*. Es war über 2 Jahrtausende stets eine mühsame Aufgabe für Kirche und Theologen, unter den vielen Meinungen die Position Jesu heraus-zuarbeiten und unzutreffende Deutungen auszuschei-den. Das Beispiel der verschiedenen Meinungen und Erwartungen der Leute, auch der Jünger, in Bezug auf Jesus zeigt, wie schwer *er selbst* es schon hatte, das, was er meinte, abzugrenzen von dem, was nicht seine Sache war, obwohl die Leute, auch die Jünger meinten, es sei seine Sache oder müsse es sein (Wunderarzt, Brotspender, König/Messias).

Die *Grunderkenntnis* lautet: Christen, die in der Jesus-Nachfolge die Treue zum biblischen Gott, zum „Vater" Jesu (zugleich „unser Vater") leben wollen, können nicht anders als *zu bestimmten Anlässen* ausscheren aus dem allgemeinen Gleichschritt, ausscheren geistig und auch, je nach Situation, mit konkreten Konsequenzen. Die Trennung der Juden von den Völkern (*gojjim*) leben Christen weniger äußerlich im sichtbaren Gehabe, vielmehr stärker ins Innere-Geistige verlegt, und doch nehmen viele Leute Anstoß. *Paulus* kannte aus Erfahrung, was er den Korinther Christen schrieb: „ein Schauspiel sind wir(Christen) geworden für die Welt" (1Kor 4,9). Die Evangelisten schrieben in noch härterer Zeit, als die jungen, zahlenmäßig kleinen Gemeinden von allen Seiten bedrängt wurden. Taufbewerber sollten klar vor Augen haben, auf welches Lebensrisiko sie sich einließen.

Schon Jesus selbst muss, wie erwähnt, das tödliche Risiko seines Auftretens sehr bald klargeworden sein, wurde er doch ständig bespitzelt und mit empörten Reaktionen gesetzestreuer Juden konfrontiert. Dass er seine Jünger frühzeitig auf den Leidensweg einstimmte, ist historisch glaubwürdig. Allerdings sieht man alsdann am Verhalten der Jünger – vom Verrat bis zur Verleugnung des Petrus und der Flucht der ganzen Gruppe, als das Kreuz in Sicht kam -, wie wenig die Jünger dem Ernstfall gewachsen waren. Statt sich zu verleugnen, verleugnet Petrus drei Mal Jesus und muss über sich weinen, als er seine eigene Schwäche realisiert (Mk 14,30.72 Par).

In der modernen pluralistischen Gesellschaft, wo Christen neben Vertretern sogenannter Fremdreligionen nur einen kleineren oder größeren Prozentsatz ausmachen und wo ein naturwissenschaftlich-technisch unterstützter Naturalismus faktisch als pseudoreligiöse Weltanschauung auftritt, kommt das Kreuz auf sich bekennende Christen häufig in Form von mitleidigem Spott, Verachtung oder karikierendem Zynismus zu. Sie selbst oder ihre Repräsentanten sehen sich, ob mit oder ohne eigenes Zutun, an den von Medien aufgerichteten Pranger gestellt, nicht selten hemmungslosem Rufmord ausgeliefert.

Es gibt viele Gestalten des Kreuzes; und das schlichte Ignorieren eines christlichen Zwischenrufs in den Konflikten der Gesellschaft ist eine seiner mildesten Formen.

Auch stellen die Jünger ein gutes Anschauungsbeispiel dar für die schmerzliche Kluft zwischen Soll und Haben auch im Christentum - bis heute, und vermutlich erkennen wir uns in den Jüngern selber wieder.

Der Christ, ein gespaltener Märtyrer

Als junger Mensch in den 60er Jahren des 20. Jahrhunderts nahm der Verfasser Anteil an der Aufarbeitung der NS-Zeit in der jungen Bundesrepublik. Enttäuschend waren Schwäche und Versagen der Opposition gegen *Hitler*. Nicht weniger enttäuschend war die geringe Zahl christlicher Widerständler. Warum gab es so wenige andere außer *Alfred Delp, Rupert Mayer, Bernhard Lichtenberg, Graf von Galen, Dietrich Bonhoeffer, Martin Niemöller*? Angesichts älterer Pfarrer, Prediger, höherer Amtsträger stieg die Frage auf: Wie habt ihr euch denn damals verhalten? Wie konntet ihr das NS-Regime überleben?!

Später wurde klar: es gibt nur wenige, die, wie die *Geschwister Scholl, Maximilian Kolbe* oder *Franz Jägerstätter* mutig und fähig waren und sind, selber den Kopf unter das Fallbeil zu legen. Doch war ihnen das wohl kaum schon in die Wiege gelegt. Erst in einer konkreter Situation erkennt jemand, was er vermag und was nicht.. Auch hier gilt, was Jesus angesichts des zurückweichenden reichen Mannes äußert: „Für Gott ist nichts unmöglich" und „fasse es, wem es gegeben ist, wer die Kraft hat"!

Schon die Alte Kirche kannte das Problem. Anlässlich von Katastrophen ordneten die römischen Kaiser im ganzen Reich Opfer an, um Roms Götter gnädig zu stimmen, und ließen den Befehl streng überwachen. Christen, die dem Befehl folgten, verleugneten objektiv Gott und Jesus Christus. Es gab damals (3. Jahrhundert) heldenhafte Opferverweigerer, Blutzeugen für Christus, aber auch viele – die meisten –, die den Mut nicht aufbrachten, die opfernd so taten als ob oder die sich durch Bestechung Bescheinigungen eines erbrachten Opfers besorgten. Wenn wieder Ruhe einkehrte im Reich, kamen diese sogenannten "Gefallenen" (*lapsi*) in Scharen zurück, wollten am Gemeindeleben wieder teilnehmen. Das brachte die Standhaften, die Bekenner, in Gewissensnot. Am Ende wurde den „Gefallenen" Versöhnung erteilt, nachdem sie öffentlich Buße geleistet hatten, weil solche Härteprüfungen „nur in der Kraft des Hl.Geistes" bestanden werden könnten, wie Bischof *Cyprian* von Karthago schrieb, der selber aus der Bischofsstadt geflohen war (aber einige Jahre später den Märtyrertod starb). Eine andere Lösung des Problems war eigentlich nicht möglich, da ja die Apostel selber bei Gefangennahme und Verurteilung Jesu als „lapsi" aufgefallen und aktenkundig waren.

Das NS-Regime erzeugte ganz ähnliche Probleme. *Conrad Gröber*, ab 1932 Erzbischof von Freiburg, wies nach der sog. Machtergreifung 1933 seine Diözesanpriester an: „Keine Provokation und kein unnützes Märtyrertum"! Während der „braunen Jahre" lavierte er zwischen Patriotismus, Loyalitäts-Bekundungen zum Regime, Kirchentreue und Sorge um die „Herde". Nach dem Krieg hatte er Mühe, zu jenen Priestern Kontakt zu finden, die als Bekenner vom Regime drangsaliert worden waren. Zwischen Flucht und Aufnahme seines Kreuzes war er offenbar ständig hin und her gerissen.

Hin und hergerissen sein zwischen Flucht und Kreuz, zwischen standhaftem Bekenntnis und Kompromissen mit einer oft Angst erregenden Realität: ist das nicht das Schicksal der meisten Christen bis heute?

Der Apostel *Paulus* reflektiert den Zwiespalt an einer Stelle im Römerbrief treffend:

"Das Wollen liegt in mir, das Tun des Guten aber nicht. Nicht was ich will, das Gute, tue ich, sondern was ich nicht will, das Böse, das tue ich. Wenn ich das, was ich nicht will, tue, bewirkt es nicht mein Ich, sondern die Verfehlung (Sünde), die in mir wohnt. Ich freue mich über die Tora (Weisung) Gottes nach dem inneren Menschen, sehe aber eine andere ´Tora` in meinen Gliedmaßen (Händen und Füßen), die Krieg führt gegen die Tora meiner Vernunft und mich zum Gefangenen der ´Tora der Verfehlung (Sünde)` macht, die in meinen Gliedern ist - Unglücklicher Mensch, ich! Wer entreißt mich dem Leib dieses Todes? Dank sei Gott durch Jesus Christus! Also diene ich nun mit dem Geist der Weisung Gottes, aber mit dem Fleisch (diene ich) der Weisung der Verfehlung (Sünde)" (Röm 7,18-25).

Was *Paulus* hier erkennt, ist die Gespaltenheit jedes Menschen: Geistig, im Gewissen, ist ihm Gottes Weisung präsent, bejaht er sie auch. In seiner Physis, seiner konkreten Konstitution, in der Konkretheit seines Lebens und seiner Welt aber regiert eine andere Weisung. Die andere Weisung durchkreuzt immer wieder sein Tun-wollen des Guten, das Tun dessen, was Gott ihm nahelegt. Immer wieder muss er feststellen: ich habe Dinge getan, die ich gar nicht tun wollte. In *Paulus* reift die Überzeugung, das gute Gottesgesetz könne in dieser Welt gar nicht durchgehend erfüllt werden, da ein anderes Gesetz in den Gliedern der Menschen vorherrscht und sie im Bösen gefangen hält.

Vor vielen Jahren erkannte ein Revolutionär, im blutigen Kampf gegen den Diktator seines Landes verausgabt, die Unabschließbarkeit seines Kampfes, die Unmöglichkeit, einen endgültigen, dauerhaften Sieg zu erringen. Seine Erkenntnis: Der Diktator ist auch in unserem Innern, ebenso wie auch die Atombombe in unserem Inneren lauert!

Ein anderes Gesetz, ein Gesetz des Todes!

Eine verzweifelte Lage, seufzt *Paulus* – wäre da nicht Gott, der seine vergebende Barmherzigkeit uns in Jesus zum Freund, zum Bruder und Erlöser gemacht hat!

Die Erkenntnis jenes anderen Gesetzes in der eigenen Natur brachte den erwähnten Revolutionär dazu, sich ernsthaft mit der Jesus-Botschaft zu befassen und umzudenken.

Eben damit war er aufgefordert, *sein* Kreuz aufzunehmen, zu tragen und zu erkennen: Ich kann diese Welt und ihre Gesetze nicht mit den Waffen und Methoden dieser Welt überwinden und besiegen!

Das Tröstende, Ur-Tröstende am Evangelium ist jedoch, dass Jesus, auferstanden, weitermacht, mit den Versager-Jüngern weitermacht (außer mit *Judas*, der sich entzog); dass er sie nicht ignoriert, sondern sich ihnen zeigt, dass er offen und verborgen mit ihnen geht, ja sie beauftragt und ihnen als Hirten die große Menge der Durchschnittsmenschen in aller Welt (den *óchlos* des Evangeliums) als Herde anvertraut: ihnen, den Schwächlingen, gemieteten Hirten, die so leicht fliehen, wenn der Wolf kommt. Damit setzt der Auferstandene seine frühere Tätigkeit von Heilung und Sündenvergebung unbeirrt fort und beginnt damit *bei seinen Jüngern*.

So sollte auch Kirchenkritik, auch wo sie sich im Recht fühlt, kein Schwarz-Weiß-Muster enthalten:

Der österliche Jesus hat, wie der vor-österliche, seine Jünger / die Christen klar durchschaut, den Kleinmut, die Kleingeisterei, die Untreue beim Namen genannt. Mit ihnen, mit ihrem schwachen Untergrund, mit der oft kümmerlichen Frucht, die sie bringen, weiterzumachen: dahinter steckt von Gott her eine unfassbare Treue, Zuwendung zu den Schwachen, Blinden, Trauernden und denen, die arm sind an Hl.Geist: gerade sie preist er selig, spricht ihnen Gottes Königtum zu (Mt 5).

Die Rettung des Lebens

Die *v v 35 + 36* sind von Mk hier assoziativ ange-
schlossen:

"*Denn wenn jemand sein Leben (psyché) retten
möchte, wird er es verderben; wer aber sein Leben
verderben wird meinet- und des Evangeliums
wegen, wird es retten. Was nützt es denn, dass ein
Mensch die ganze Welt als Gewinn hat, sein Leben
(psyché) aber Schaden nimmt?*"

Statt „Leben" übersetzte man früher „Seele". So ist das
Wort noch vielen im Ohr. Man ist davon abgekommen
aus zwei Gründen. Erstens denkt die Bibel semitisch,
nicht griechisch: das Wort *psyché* steht nicht für die
Geist-Seele der griechischen Philosophie, sondern für
hebr *näphäš* (נֶפֶשׁ) mit der Bedeutung *Kehle, Hauch,
Atem.* Gemeint ist mit *näphäš* das lebendige Zentrum
des Menschen, wo er selbst denkt, empfindet: das
lebendige Selbst, die konkrete Person. So gibt das
biblische Menschenbild die neue Übersetzung vor.
Der zweite Grund liegt darin, dass *gnostisch-mani-
chäische* Auffassungen die Textstelle für sich besetzen
wollten. Nach deren Auffassung ist die Welt zweigeteilt
in Oben und Unten, ist der Mensch ähnlich zweigeteilt
in Geist(seele) = Oben und Körper = Unten. Hinzu
kam die Wertung: Oben = gut, Unten = böse, schlecht;
oben = ewig, unten = vergänglich. Die Geist-Seele sei
wie verloren im Reich des Unten, der Materie, der Ver-
gänglichkeit, sie sei aber berufen, sich so schnell wie
möglich von den stofflichen Fesseln zu lösen und
aufzusteigen in das Reich des Ewigen.
In früheren Jahrhunderten lebte im populären
Christentum ein starken Anteil dieser Weltanschauung,
weshalb *Nietzsche* spotten konnte, Christentum sei
„Platonismus fürs Volk".

Die Erde erschien als Warteraum auf den Himmel: man musste die Lebenszeit abwarten, sich moralisch wenig zuschulden kommen lassen, bis man „erlöst" wurde von der Erde und in den Himmel aufgenommen wurde.

Mit dieser Anschauung – das irdische Leben als Wartezeit auf den Himmel – erschien es vielen Christen normal, sich nicht groß für Verbesserung irdischer Lebensverhältnisse zu interessieren: man war ja nur „Gast auf Erden". Der frühchristliche Schriftsteller *Tertullian* (2./3. Jh) erklärte den „Heiden": unter „den Plagen (Unglücken) der Welt" (z.B. Erdbeben, Epidemien) würden die Christen wenig leiden, weil „uns" Christen „in dieser Weltzeit" nur daran liege, sie „so schnell wie möglich zu verlassen".[52] Die lang anhaltende Flucht-Tendenz veranlasste viel später *Nietzsche*, seinen *Zarathustra* die Brüder beschwören zu lassen, sie möchten "der Erde treu" bleiben. Die Flucht-Gesinnung war aber natürlich auch davon genährt, dass man umgekehrt sehr wohl um die Verlockungen der Welt wusste und Jesu Warnung vor dem Reichtum vor Augen hatte, etwa im Gleichnis vom reichen Kornbauern, der wähnt, in seinen vollen Scheunen für viele Jahre vorgesorgt zu haben (Lk 12,16-21).

Für die Bibel AT/NT ist der Mensch „Fleisch" (hbr. *basar*, gr. *sarx*), „Fleisch" bedeutet *schwach, vergänglich, bedürftig, auf Hilfe angewiesen*.

Der Mensch hat sein Leben zwar von Gott empfangen und steht unter dessen Weisung. Doch ist ein jeder besetzt von einem anderen Gesetz in seinen Gliedmaßen (wie *Paulus* erkennt), er kann oftmals nicht das Gottgewollte, Gute realisieren,

---

52 *Quintus S. F. Tertullianus,* Apologeticum - Verteidigung des Christentums XLI; 5

auch wenn er es im Tiefsten will. Die andere, Gottes Weisung so oft widerstrebende Instanz im Inneren lässt sich verschieden bezeichnen oder benennen: Sünde (Paulus), Satan, Teufel, Dämon, Diktator, Monster, Atombombe.[53]

Bekanntlich konnten Menschen, die *Hitler* oder *Stalin* persönlich kennenlernten, da sie als Bedienstete in ihrem Umfeld gelebt hatten, rückschauend sagen: Er war ein „Monster" (Ungeheuer). Im Nachhinein erfasste sie Grauen über das, was menchenmöglich ist. Sie gewahrten, dass Tugenden und Kultur oft nur ein dünner Firnis über dem Abgrund sind. Zu jeder Zeit, auch in der Gegenwart, können Monster aus dem Abgrund steigen, wenn außergewöhnliche Umstände es begünstigen. Wenn etwa nicht „Zärtlichkeit" (Papst *Franziskus*) den Menschen begegnet, sondern Kälte, Gleichgültigkeit, Hass. Auch der *Baal* der alten Hebräer konnte sich im Grenzfall als *Moloch* entpuppen.

Baal als Geist der Natur ist Geist des Habenwollens, aggressiven Sich-durchsetzen-wollens gegen Schwächere, Langsamere, später Kommende. *Baal* ist im Satansgewand der Gegenspieler in den Versuchungen Jesu, der ihm Offerten der rücksichtslosen Selbstverwirklichung macht. Jesus widersteht seinen suggestiven Angeboten und redet vor seinen Jüngern Klartext:

„Die Herrscher dieser Welt unterdrücken ihre Völker und die Großen vergewaltigen sie. Bei euch soll es anders sein: ihr sollt der Erste oder der Große im Dienen sein. Denn auch der Menschensohn ist nicht gekommen, sich bedienen zu lassen,

---

53 *R.L.Stevenson* veranschaulichte das Bös-Gute in jedem
    Menschen als *Dr. Jekyll* und *Mr. Hyde.*

sondern zu dienen und sein Leben zu geben als Lösegeld für viele" (Mk 10,42-45 Par).

Der Menschensohn gibt sein Leben (gr. *tän psychän autoū*) *für viele.*

Darauf läuft die Nachfolge der Jünger/Christen hinaus. Sein Leben geben, seine Lebenskraft, seine Lebens-Mittel geben, sein Leben mit anderen teilen.

Die ersten Jünger können sich freilich nicht enthalten zu fragen: Was kriegen wir für die Nach-folge? Wir haben doch alles zurückgelassen, um dir zu folgen, wir sind "*au point Zéro*", Habenichtse – haben wir etwas von der Nachfolge? (Mk 10,28)

Jesu Antwort: *Ihr werdet hundertfach entschädigt, werdet jetzt in dieser Zeit Häuser, Brüder, Schwes-tern, Mütter, Kinder und Äcker empfangen, in der künftigen Welt ewiges Leben* (v 30). Einfach gesagt: Ihr tut es nicht umsonst, ich mache euch nicht arm!

Machen wir uns klar, was das heißt: Die Hab-Gier – Wurzel vieler Sünden – wird von Jesus nicht einfach schlecht geredet. Das *Baalische* in jedem Men-schen wird ernst genommen, aber auf neue Weise befriedigt.

Bei Mt betont Jesus zwei Mal, der „himmlische Vater" wisse wohl, was die stets besorgten Menschen brauchen, noch ehe sie darum beten (Mt 6,8.32).

Der Trieb zu haben wird gar ins Ewige verlängert und mit ewigem Leben befriedigt!

Aber: das Baalische im Menschen kann sich nicht selbst geben, was es braucht, kann sein Haben-wollen nicht selber vollenden.

Es soll akzeptieren: ihm wird Erfüllung *geschenkt*, wenn es lernt zu gönnen, von sich abzusehen zugunsten anderer, deren Haben-wollen und Haben-müssen schwer frustriert und verarmt ist.

Hier könnte jemand naserümpfend einwenden, das sei keine sehr hohe Ethik!

Vielleicht nicht. Doch ist es eine realistische Ethik, die das Menschliche, Allzumenschliche gelten lässt, damit etwas anfängt, statt die Messlatte höher zu legen, als die meisten überspringen können. Das Christentum bevorzugt nicht die Starken, sondern nimmt sie in Dienst.

Das missfällt nicht wenigen. Sie möchten ihr Baalisches ich-orientiert ausleben nach der Devise „Nach mir die Sintflut!" Sie nehmen, sagt Jesus, Schaden an ihrem Leben: vielleicht gewinnt so jemand die Welt, die er sich wünscht, doch in der Regel leben in ihr auch andere Menschen. Er gewinnt die erträumte Welt um den Preis, dass er die Schwächeren, klein Gemachten niederhalten, Rivalen ausschalten muss, um den Preis, immer wieder angefeindet, angeklagt, verdächtigt, beneidet, verleumdet zu werden. Sein Gemüt füllt sich mit Argwohn, Sorge, und die vielen „Leichen im Keller" klagen ihn im Gewissen an, je länger je mehr.

Vor Gott haben die nackten *Baal*-Anhänger, die Gottes Ruf ignorieren, zudem ihren Lohn schon empfangen: sie hatten Macht, Reichtum, hatten damit ihren Lebenstrost schon verbraucht. Sie waren die Lachenden und werden weinen und klagen, sie waren satt und werden hungern, denn sie hatten in diesem Leben schon *alles*, was ihnen wichtig war – wie ihr Prototyp, der unbarmherzige Reiche: erst nach seinem Tod nimmt er den armen *Lazarus* wahr – in *Abrahams Schoß* !. (Lk 16,19-31).

Bei vielen, die das lesen oder hören, entsteht das Gefühl, Gott sei rachsüchtig. Jene, die nicht auf ihn hören wollen, lasse er später „fühlen", quäle sie im Jenseits: jetzt satt, später hungrig; in diesem Leben Lachen, im anderen Leben Weinen und Klagen. Lange meinte man gar, zur Seligkeit der Seligen im Himmel gehöre, dass sie die Verworfenen leiden sehen dürften.

Doch verkennt diese Vorstellung die Wehe-Rufe Jesu. Von jenen, denen der Wehe-Ruf gilt, gehen vermutlich viele satt und fröhlich aus diesem Leben, im Gefühl, nichts Schönes verpasst zu haben. In der Begegnung mit Gott aber geht ihnen auf: Er selber, als sein in Jesus zugeschicktes Geschenk, wollte auch ihr „Brot des (ewigen) Lebens" sein, das Lebensbrot, das allen Hunger, den unendlichen Lebens-Hunger, den Liebes-Hunger von Menschen stillt. So hungern sie jetzt, beklagend, dass sie die Einladung zu irdischen Leb-zeiten nicht ernst genommen, nicht geglaubt, ausge-schlagen haben.

Wer aber den Weg Jesu betritt, wird je länger je tiefer Klarheit gewinnen: hier liegt der letzte Sinn, die Erfüllung eines Menschenlebens. Dafür zeugt die lange Erfahrung des christlichen Glaubens.

Hier liegt auch eine wesentliche Teil- Antwort auf die Frage, was einen Christen ausmacht. Dem Evan-gelium – der Sieges-Botschaft – folgend, wandert er auf der Siegerstraße, doch siegt er in Gott, durch Jesus, über das Unglück dieser Welt:

Wie das Lied singt: "Jesus hat den Tod bezwungen und uns allen Sieg errungen" (GL 796).

"Kontrastgesellschaft" als Vision von Kirche

Wo Christen ihre Berufung verstehen und leben, bauen sie miteinander eine alternative Gemeinschaft - „Kontrastgesellschaft" (*Lohfink*) - inmitten der üblichen Gesellschaft, eine andere Gesellschaft, gebildet und zusammengehalten vom Solidar-Ethos, wo die Mitglieder, von gleichem Rang, wie Brüder und Schwestern miteinander Leben und Lebensmittel teilen, wo die von Natur Schwächeren ´mitkommen` (statt wie *Lazarus* sich selbst überlassen zu sein), wo keiner "dem Menschen ein Wolf" ist, sondern „der Wolf Schutz findet beim Lamm und der Säugling spielt vor dem Schlupfloch der Natter" (Jes 11,6.8).

Für starre Realisten sind solche Vorstellungen nichts als Utopie. Der Ausdruck Utopie trifft ja auch zu. Eine vorzeigbare solidarische Gesellschaft dieser Art existiert heute wohl nur in bescheidenen, lokalen Ansätzen, geschwächt vom unfruchtbaren "Realismus" vieler scheuer Christen, bedroht von den Regeln des Dschungels in der säkularen Gesellschaft. Das Mk-Evangelium will klarmachen: eine rundum gerechte Gesellschaft auf der Erde errichten, ja erzwingen zu wollen, hat Gewalt, Hass und Blut im Gefolge – unter Kämpfern und Bekämpften. Der Tod, die Endlichkeit von Welt und Mensch überhaupt, die verbreitete Vergeblichkeit so vieler Hoffnungen und Leiden bilden aber einen Sperr-Riegel gegen die Verabschiedung des Traumes von Gerechtigkeit und Fülle des Lebens. Die Kunde vom Gekreuzigten und Auferweckten bezeugt: eine restlos solidarische Gesellschaft hat österliche Gestalt und ersteht unter einem „neuen Himmel", einer „neuen Erde".

Der Seher, der die von Gott bereitete „heilige Stadt" (gr. *pólis*: Stadt, Staat), das „neue Jerusalem aus dem Himmel herabkommen" sieht (Joh Apk 21,2), schaut es als Gottes-Gabe, nicht als menschliches Mach-Werk. Der Menschheitstraum einer „gerechten Gesellschaft" reicht also bis in Gottes Lebenssphäre hinein.

Die Konturen dieser neuen Stadt sind uns jedoch vor das innere Auge geführt in Jesus, seinen Jüngern und in den Menschen an seinem Wege - auf dem Weg zum erneuerten Gottesvolk.

Die Glieder des „Leibes Christi" oder der „Körperschaft Christi", der Gemeinde und Kirche sind aber berufen, in ihrem Verantwortungsraum eine Vorhut, eine Vorform der „neuen Stadt" zu bilden,[54] damit die Menschen erkennen: diese harte Welt mit ihren vielen Grausamkeiten und zerstörten Hoffnungen ist nicht das Letzte - in und aus ihrem Schoß wächst vielmehr da und dort eine zarte Ahnung des Himmels.

---

54 Vgl. das wichtige Plädoyer von *G. Lohfink*, Wie hat Jesus Gemeinde gewollt?

LITERATUR (AUSWAHL)

Balthasar, H.U. von, Wer ist ein Christ? (Einsiedeln [4]1966)

Berger, K., Jesus (München 2007)

Biser, E., Der Helfer. Eine Vergegenwärtigung Jesu (München 1973)

Biser, E., Die Entdeckung des Christentums. Der alte Glaube und das neue Jahrtausend (Freiburg-Basel-Wien 2000)

Bock, S., Kleine Geschichte Israels (Freiburg-Basel-Wien 1998)

Dassmann, E., Kirchengeschichte I (Stuttgart-Berlin-Köln 1991)

Josephus, Flavius, Geschichte des Jüdischen Krieges (dt. Köln 1900)

Gnilka, J., Das Evangelium nach Markus (EKK I,II Zürich-Einsiedeln-Köln/Neukirchen-Vluyn 1980)

Horsley, R.A., Jesus und imperiale Herrschaft - damals und heute: Bibel und Kirche 2/2007, 89-93

Knauf, E.A., Die Umwelt des Alten Testaments (Stuttgart 1994)

Küng, H., Die Kirche (Freiburg-Basel-Wien [2] 1967)

Küng, H., Christ sein (dtv München [6] 1983)

Lohfink, G., Wie hat Jesus Gemeinde gewollt? Kirche im Kontrast (Stuttgart [2] 2015)

Lohse, E., Umwelt des Neuen Testaments (NTD Erg. I Göttingen 1978)

Luz, U., Das Evangelium nach Matthäus (EKK I /I-IV Zürich-Düsseldorf/Neukirchen 1985-2002)

Maier, J., Geschichte der jüdischen Religion (Freiburg-Basel-Wien [2] 1992)

Pesch, R., Das Evangelium der Urgemeinde (Freiburg-Basel-Wien 1978)

Petuchowski J./Thoma, C., Lexikon der jüdisch-christlichen Begegnung (Neuausg. 1994)

Rahner, K., Grundkurs des Glaubens (Freiburg-Basel-Wien 1976)

Ratzinger, J., Einführung in das Christentum (dtv München 1971)

Ratzinger, J. (Benedikt XVI.), Jesus I (Freiburg-Basel-Wien [2] 2007)

Ritschl, D./Hailer, M., Diesseits und jenseits der Worte - Grundkurs christliche Theologie (Neukirchen -Vluyn 2006)

Schlier, H., Analyse des Markus-Evangeliums (Mskr - Vorlesungsmitschrift 1962/63)

Schlier, H., Grundzüge einer paulinischen Theologie (Freiburg/Br 1978)

Schneider, G., Das Evangelium nach Lukas (ÖTK 3/1-2 Gütersloh/Würzburg 1977)

Seifermann, *H.,* Der Kult Israels in seinen Haupt-begängnissen zur Zeit Davids (Wiesmoor 2014)

Stambaugh, J.E./Balch, D.L., Das soziale Umfeld des Neuen Testaments (NTD Erg.9 Göttingen 1992)

Theißen, G., Die Religion der ersten Christen (Gütersloh [3] 2003)

Theißen, G., Die Jesusbewegung (Gütersloh 2004)

Veerkamp, T., Die Welt anders - Politische Geschichte der Großen Erzählung (Berlin 2013)

Venetz, H.-J., So fing es mit der Kirche an (Zürich [4] 1990)

Wengst, K., PAX ROMANA - Anspruch und Wirklichkeit (München 1986)

Wolff, H.W., Anthropologie des Alten Testaments (München [5] 1990)

Zum Autor

Klaus P. Fischer, geb. 1941 in Stuttgart, Oratoria-
ner in Heidelberg, studierte Klassische Philologie,
Philosophie und Theologie, u.a. 3 Semester (1962 -
1963) in Innsbruck bei R. Muth, H. Windischer,
E. Coreth, O. Muck, K. Rahner und J.A. Jungmann.
Beraten u.a. von Karl Lehmann (dem heutigen
Kardinal), promovierte er 1973 am Institut Catho-
lique de Paris bei Henri Bouillard mit der Arbeit „Der
Mensch als Geheimnis nach den Schriften Karl
Rahners" (mit einem Brief Rahners an den
Verfasser 1974 bei Herder als Buch erschienen –
2 Auflagen). Neben Zeitungs- und Zeitschriften-
Beiträgen über Rahners Werk veröffentlichte er
später die Studie „Gotteserfahrung – Mystagogie in
der Theologie Karl Rahners und in der Theologie
der Befreiung" (1986 bei Grünewald).

Veröffentlichungen zu anderen Themen, zB „Die
Sache mit dem Teufel" (zus. mit H. Schiedermair –
1980 bei Knecht) und „Schicksal – in Theologie
und Philosophie" (2008 WBG Darmstadt). Kleinere
Schriften zu Schöpfung, Auferstehung der Toten,
Eucharistie, Kirchenkrise u.a. (bei Adlerstein, LIT,
Passagen u. Paulinus). Langjährige Tätigkeit in
Pastoral, Religionspädagogik, Erwachsenenbil-
dung, Kirchl. Rundfunkarbeit; Lehrbeauftragter für
Kath. Theologie an der Evangelisch-Theologischen
Fakultät der Universität Heidelberg.

Das Christentum – meinen viele – komme aus einem längst vergangenen mythischen Weltbild und könne dem Menschen einer naturwissenschaftlich-technischen Welt nichts Gültiges mehr sagen. Allenfalls brauchbar seien Impulse seiner Ethik, aber ohne den 'ideologischen Überbau'. Diese Denkart spiegelt eine äußerst verkürzte Sehweise, der die Vielschichtigkeit und Hintergründigkeit der Welt entgeht, welche aber von Dichtung, Musik, Bildender Kunst und Religion wahrgenommen und dargestellt wird. Die mythisch-symbolische Sprechweise der Bibel, des christlichen Glaubens verwahrt Erkenntnisse und Einsichten von größerer Bedeutung für die menschliche Existenz; diese wäre ohne die archaische Form quasi unaussprechlich und nicht mitteilbar. Dieses Buch möchte Suchende anleiten, sich der Tiefgründigkeit von Glaube und Welt mutig zu nähern.

140 Seiten – € 12,90 – ISBN: 9783754374795

Klaus P. Fischer

Selbstfindung
durch Glauben

Christsein als Alternative

Zunehmend junge Menschen haben das Gefühl, die Leistungs- und Konsumgesellschaft vermittle ihnen wesentlich nur materielle, diesseitige Normen, lasse sie jedoch, bei all ihrer weltanschaulichen Offenheit, in Fragen nach Lebenssinn und ethisch-humanen Bezügen allein: Hauptsache sei, dass man in seinen jeweiligen Pflichtbereichen so gut wie möglich 'funktioniere', Persönliches sei eben „privat" und dürfe Funktion und Leistung nicht berühren; vielmehr müsse jemand, um vorwärts zukommen, die Bereitschaft haben, „mit den Wölfen zu heulen" und notfalls Skrupel zu unterdrücken. Denn – so soufflieren die Meinungsmacher – „jede(r) ist ersetzbar". Auch lebt in der säkularen Gesellschaft eine sich verstärkende Neigung, Gott und Glaube als überflüssig, für das reibungslose Funktionieren sogar schädlich zu suggerieren. Was bei diesem Bestreben nicht so offensichtlich ist: wo Gott und Glauben als überflüssig angesehen werden, wird bald auch der einzelne Mensch überflüssig und sein Schicksal uninteressant. Die meisten von uns können nicht außerhalb der Gesellschaft leben. Doch können wir in der Weise „alternativ" werden, dass wir lernen, uns ein eigenes Urteil zu bilden – ein eigenes Urteil auch aus den Quellen des Glaubens, um daraus Kraft und Mut zu schöpfen zu kritischer Distanz und Eigenverantwortung mit der Courage, gewonnene Einsichten auch an geeigneter Stelle in Vorgänge und Mechanismen der Gesellschaft mit einzubringen. So könnten wir beitragen, sie humaner zu gestalten, nämlich im Sinne der „Menschenfreundlichkeit Gottes", wie er sie in Jesus Christus gezeigt hat. Denn Jener, der 'Ur-Christ' schlechthin: Jesus Christus, er verstand die Menschen, ging auf sie zu, beriet und heilte viele, brachte ihnen sein befreiendes Wissen um Gott und von Gott nahe.

220 Seiten – € 14,90 – ISBN: 9783735750976

Dass es noch Menschen gibt, die an Gott glauben, ist für viele Leute ein Rätsel. Die Härte und Gleichgültigkeit der Welt, erschreckende Schicksalsschläge verdunkeln das Gottesbild. Nicht selten aber gestehen selbst Prominente ein, sie würden gern glauben, könnten es aber nicht. Vielen fehlt der Zugang zum Gott der Bibel.

Die vorliegende Schrift möchte nachdenklichen Lesern einen Zugang eröffnen.

92 Seiten – e 12,90 – ISBN: 9783754352922